돈 공부 전에
일 공부 끝장내기

돈 공부 전에 일 공부 끝장내기

1판 1쇄 인쇄 2023년 9월 7일
1판 1쇄 발행 2023년 9월 14일

지은이 윤홍준, 윤아현
펴낸이 이기준
펴낸곳 리더북스
출판등록 2004년 10월 15일(제2004-000132호)
주소 경기도 고양시 덕양구 무원로 6번길 12(행신동, 대흥프라자빌딩) 815호
전화 031)971-2691
팩스 031)971-2692
이메일 leaderbooks@hanmail.net

ISBN 979-11-90616-97-3 03320

일의 언어를 알아야 돈과 운도 따른다

돈 공부 전에 일 공부 끝장내기

윤홍준, 윤아현 지음

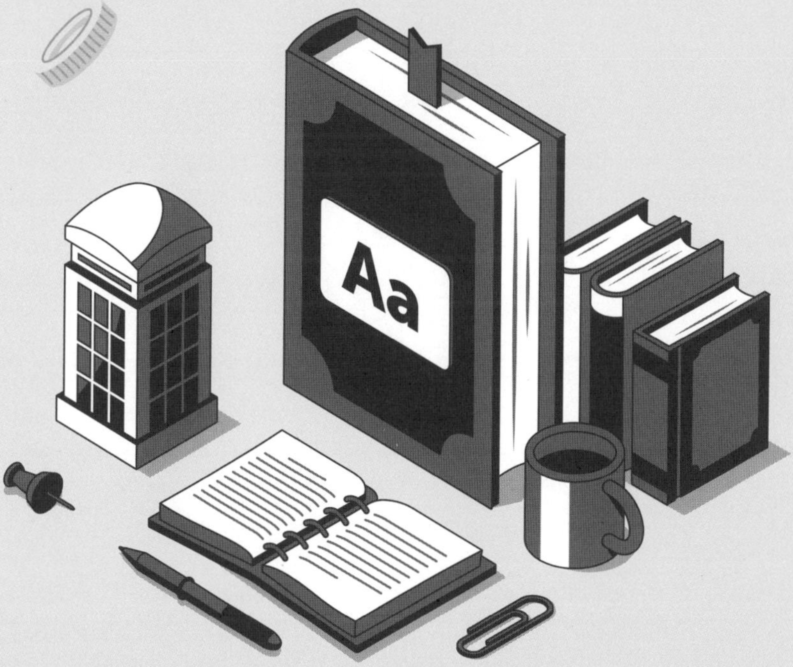

리더북스

직장생활을 이끄는 강력한 관계의 도구, 언어

직장생활에서 가장 힘든 것 중에 하나가 대화다. 말없이 일을 한다면 얼마나 편할까. 그래서 우리는 통화, 대면 보고보다는 카톡 등 문자를 선호한다. 상대방을 마주하면서 말하는 것 자체가 부담스럽기 때문이다. 상당 부분은 문자로 해소가 가능한 시대이다. 하지만 아직도 대부분의 직장 상사들은 언어를 중시하고 대화로 코칭하려 한다. 각기 다른 환경에서의 성장으로 어감의 차이는 당연한 것인데, 직장 문화를 핑계로 보편적 언어와 획일화를 강요한다.

언어의 기원을 살펴보면, 약 200만 년 전 혹은 약 50만 년 전 초기 인류가 만든 석기의 동일성으로 짐작하건대 석기시대에 이미 언어로 소통했음을 알 수 있다. 호케트와 아셔(Hockett and Ascher, 1964)는 인간이 직립

보행을 통해 손이 자유로워지고 더 이상 도구를 입에 물고 다니지 않게 되면서 말하기 좋은 구조로 안착되었다고 한다. 언어소통은 정보 전달과 협업의 구축으로, 미흡한 근육을 가진 인간이 지구를 지배하게 만들었다.

아이가 쓰는 단어 위주로 조합된 불완전한 언어는 점차 어른이 되면서 문법에 맞춰 문장을 만드는 개방적 체계로 탈바꿈한다. 언어는 덧셈이 아닌 곱셈으로 결합하여 명사의 경제성을 갖추게 되었다. 이렇듯 언어는 인간의 역사와 함께 발달했고 현재 우리의 사회생활의 시작과 끝이라 해도 과언이 아니다. 근무 중 종종 깜빡이 없이 훅 들어오는 카톡도 언어이고, 자가당착의 논리에 빠진 상사도 우선 고함으로 압도하려 한다.

매일 함께하는 대화 속에 우리는 왜 힘들어할까? 매일 끝도 없는 보고와 문답은 우리를 지치게 하고, 퇴근 후 쓴 소주에 곁들이는 안주로 각색된다. 누가 우리를 괴롭히던가? 역시 지긋지긋한 상사이다.

부덕한 상사의 유형을 이집트의 신에 대입해 본다면 아래와 같다.

부덕한 상사의 유형

직장생활이 흥미로운 이유는 역설적으로 상사 덕분이다. 악당이 최강이면 재미있는 영화가 탄생하듯, 우리의 상사는 대개 강력한 빌런이다. 이 세상에서 나를 아껴주는 착한 상사는 이상하게도 존재감이 없거나 어느 순간 퇴사해 버리고 만다. 빌런 같은 상사는 나를 어떤 방식으로 괴롭히던가? 말투이다. 본서에서는 특히 대화와 언어를 집중적으로 조명하고자 한다.

1 무능한 상사

: 의사결정을 못 하고 차일피일 책임을 미루는 상사

팀원: "팀장님, A프로젝트 수주심의 보고서입니다. 본부장님께 보고 좀 올려주십시오."

팀장: "(보고서를 대충 훑어보고 서랍 안에 넣으며) 어 그래?"

팀원: "(답답해하며) 팀장님, 이번 달에 수주를 해야 하는데요. 일주일밖에 안 남았고 경쟁사의 추가 견적이 우려되므로 계약을 위해서는 급하게 처리해 주셔야 합니다. 관련 부서 팀장들의 회람 결재는 득했고, 팀장님과 본부장님 결재만 받으면 됩니다. 필요하시다면 수주심의 회의를 제가 소집하겠습니다. 그리고…"

팀장: "(느긋하게) 허~ 참, 김 대리, 뭐가 그리 급해? 내가 알아서 할게."

일주일이 지나자, 어느덧 다음 달이 되었다. 실적 급한 영업 부서에서 하루는 한 달의 시간과 맞먹는다. 다급한 김 대리가 팀장에게 가서 진도를 물어보니 서랍에서 보고서를 꺼낸다. 그 안에 결재판이 수북하다. 뒤늦게 보고서 내용을 하나씩 물어보기 시작한다.

그때 전화가 왔다. A프로젝트 고객이다.

고객: "김 대리님, 일주일이 지났는데 왜 계약서 안 가져오시나? 그 사이 경쟁사에서 5% 추가 네고를 해준다고 연락이 왔어. 김 대리도 추가 네고 가능? 오늘 중 가져와요."

김 대리는 다급해졌다. 이미 수주심의에 올린 견적가격을 재수정해서 다시 유관부서 팀장의 결재를 받아야 하기 때문이다. 느긋하고 태평하게 이것저것 물어보는 팀장에게 한마디 외치고 싶다. 'ㅅㅂ. 즉각 의사결정을 안 할 거면, 당신은 왜 그 자리에 앉아있는 거야?'

2 워커홀릭 상사

: 과업과 책임을 너무 과하게 가져오는 오지랖 상사

팀장: "(다급하게) 장 과장, 장 과장! 내가 얘기한 A고객에게 제품 샘플 보내는 거 어떻게 되었지? 그리고 B고객 승진 난은 송부했는가?"

팀원: "네, 팀장님. 샘플은 아직 못 보냈고, 승진 난은 관련 부서에 협조문을 작성 중입니다."

팀장: "장 과장, 그냥 우리가 보내. 급해 죽겠는데 뭐 하러 총무팀에 연락을 해?

우리가 꽃집에 전화하고 총무팀에 사후 진행 사항을 공유하면 되지 않는가? 융통성이 그리 없어? 그리고, 팀 주간 보고와 본부 주간 보고는 다 했는가? 아 참, 자네가 원가혁신TF에 합류하는 건 어떻게 되었어?"

팀원: "네, 저희 영업1팀 주간 보고는 다 했습니다만, 영업 2, 3팀 것까지 취합하는 본부 주간 보고는 영업관리팀에서 작성하는 것인데요? 또한, 원가혁신TF는 제가 미팅만 참석하면 될 것으로 보입니다. 영업담당인 제가 원가혁신TF까지 겸직하는 것은 업무 특성상 맞지 않습니다."

팀장: "주간 보고는 본부장님께서 나한테 물어보니까 내가 1차로 취합한다고 얘기했잖아. 얼른 영업2팀, 3팀에 연락해서 자료를 받아. 영업관리는 우리가 먼저 확인한 다음에 주는 것이 맞아. 그리고, 자네 직장생활 원투 데이 하나? 원가혁신TF의 최종 수장이 누구인가? 부사장님이잖아. 왜 그렇게 눈치가 없어. 부사장님 주관 프로젝트에 우리 영업1팀이 참석하지 않으면 원가와 제조 정보가 둔감해지잖아. 원. 답답하긴."

장 과장은 담배 피우며 분노한다. "하.. 우리 팀장은 오지랖이 왜케 넓은 거야!!!"

3 유아독존 상사

: 공은 내 것이고, 과오는 부하의 것이라는 안하무인(眼下無人) 상사

시무식에서 승진자가 단상에 오르고, 사장으로부터 개발1팀장 박 부장이 임원사령장을 받는다. 박 부장은 회사에서 별을 달았다는 감회가 밀려오는 듯 함박웃음을 짓는다. 그러나 단상 밑에서 박수 치는 직원들 사이에서는 뒷담화가 무르익는다.

직원1: "성 대리가 진행한 A프로젝트를 박 부장이 중간에서 인터셉트했다면서?"

직원2: "누가 아니래? 성 대리가 한 달간 고생해서 제안서를 만들고, 급기야 무릎까지 꿇고 눈물로 호소해서 수주했는데, 박 부장이 사장님께 단독 보고를 하는 과정에서 성 대리 얘기는 한마디도 안 했다는 거 있지?? 결국 사장님이 박 부장을 회사의 핵심 인재로 임명하여 인사팀에서 패스트 트랙(Fast-Track) 제도를 통해 임원 특진을 시키게 됐대."

직원1: "근데, 금년에 10억 미수금 된 B프로젝트는 담당자인 최 과장에게 책임을 물어서 지방 발령까지 나게 했잖아. 애초에 박 부장 본인이 계약할 것을 지시했으면서. 결국 공은 자기가 취하고 책임은 남에게 돌리면서 자신의 안위만 챙긴 거네."

직원2: "그것뿐이야, 장 차장은 어떻고? 박 부장에게 얼마나 사근사근하게 잘했어? 그런데도 고과 B-를 주는 바람에 간발의 차로 승진에서 누락되었다고 하네. B+만 주어도 승진인데 정말 안 됐어. 3년간 그렇게 열심히 보필했는데 너무하는 것 아니냐?"

직원1: "결국 일은 사람이 하는 건데, 참으로 직장 동료 귀한 줄 모르고 안하무인이네."

단상에서 환하게 웃는 박 부장에게 직원들은 마음속으로 냉소와 야유를 퍼부었다.

4 간신형 상사

: 자신의 안위를 위해 윗선만 보필하는 요사스러운 상사

장 대리는 볼멘소리로 팀장에게 묻는다.

팀원: "주말에 또 산에 올라가야 한다고요?"

팀장: "장 대리, 그럼 어떻게 하나? 본부장님이 등산광인데. 우리가 잘 모셔야지."

팀원: "팀장님, 이제 그만하시죠. 요즘 시대에 누가 상사와 휴일을 보냅니까? 막말로 MZ세대 같으면 상사 갑질 운운하면서 노동부에 신고 들어갔을 겁니다."

팀장: "그럼, 나도 잘 알지. 그래도 금번 승진 심사에 본부장님이 좌장이잖아. 장 대리는 승진 대상이고. 그래서 그렇지."

팀원: "팀장님, 그게 무슨 상관입니까? 열심히 성과를 내서 승진을 결정받아야지, 등산을 많이 간다고 승진하면 됩니까? 그것보다도 금년도 신규목표치 추가분에 대한 우리 팀 전략워크숍을 금주에는 해야 합니다. 차라리 주말 근무를 해야 한다면 토요일 오전에 잠시 미팅을 하시는 것이…"

팀장: "(화를 내며) 팀장은 나야. 내가 알아서 워크숍을 하든지 말든지 할 거야. 자네는 왜 이렇게 융통성이 없나? 우리가 본부장님과 산에 올라가면서 얼마나 많은 대화와 전략을 논하겠는가? 그리고 나 혼자서 본부장님 수

발을 다 들을 수는 없지 않은가? 장 대리가 좀 도와주면 모양새가 좋잖아. 그리고 오전만 등산하면 되는데 뭘 그렇게 힘들다고 하는가? 안 그런가?"

결국 장 대리는 토요일 오전에 등산을 갔다가 점심에 내려와 상사들 앞에서 고기를 구우며 사내 접대와 봉사를 하는 주말을 보냈다.

5 마녀사냥형 상사

: 부하를 사냥하며 쾌감을 느끼는 상사

장비개선팀 김 기사가 한 시간째 팀장실에서 꾸중을 듣고 있다.

팀장: "김 기사, 내가 다른 팀에 공식적인 이메일을 보낼 때에는 내 허락을 받으라고 했지? 그런데 왜 그냥 보냈나? 내 말이 우습게 들리나?"

팀원: "팀장님, 어떻게 업무를 진행하면서 이메일을 일일이 보고하고 보냅니까? 지금이 조선시대도 아니고요."

팀장: "(기가 차다는 듯이 웃으며) 헐, 그래? 김 기사! 그렇다면 자네가 보낸 이메일을 한번 보자고. 어제 제조1팀에 A부품의 재고 여부를 문의했지? 여기서 잠깐, 그 하위 BOM인 A-1부품도 함께 문의해야 하지 않는가? A-1부품은 A부품보다 리드타임이 더 길어. A만 들어와도 제대로 가동을 못 한단 말일세."

팀원: "그럼 제가 다시 A-1부품의 재고를 전화로 물어보던가, 이메일을 쓰면

되지, 뭣 하러 팀장님께 이메일을 허락받고 다시 제조1팀에 보냅니까? 이건 로스입니다."

팀장: "(한심하다는 듯 쏘아붙이며) 이봐! 자네 어디서 배운 자세야! 업무상 누락을 했다면 먼저 상사에게 사과를 하고, 다음엔 주의하겠다고 하면 되는데, 뭐가 그리 말이 많아? 내가 전화도 하지 말랬지? 전화를 하면 근거가 안 남잖아? 그래서 이메일을 보내라는 것이고, 이메일로도 두 번 일하지 않도록 내가 검토를 해 주겠다는데 뭐가 문제야? 이런 친절한 상사가 어디에 있어?"

김 기사는 다음날 사표를 냈다. 면책을 위해 팀원을 사냥하는 팀장에게 지친 것이다.

6 복수무정형 상사

: 자신과 이견이 있는 부하에게 복수하는 상사

뒤끝 있기로 유명한 총무팀장 심 부장이 팀원인 조 과장에게 지시한다.

팀장: "이봐, 조 과장. 이번에 임직원 가족 회사 초청 행사를 잘 진행하라고. 지난번에 임원조회 시 강사 초빙을 잘 못해서 질책받은 것 기억하지? 그때처럼 실패를 준비하지 말고."

팀원: "(머리를 긁적거리고 웃으며) 아유 팀장님. 작년에 실수한 것을 가지고 아직도 그러십니까? 살짝 서운합니다."

팀장: "웃어? 서운해? 내가 그때 시말서 쓸 뻔한 것 몰라? 이번에는 정신 차리라는 말이야. 그리고 우리 신사옥 관련 도면은 어떻게 됐어? 패시브하우스로 만드는 것 말이야. 옥상에 태양광과 지하에 지열 시스템으로 전면 수정하라고 했는데, 그거 작업했는가?"

팀원: "(도면을 꺼내며) 팀장님, 설계업체에 지시했고 차주 수요일까지 작도해서 보고 드리겠습니다. 그리고 이 시점에 전면 수정하는 것은 무리입니다. 지붕 태양광만 검토했으면 합니다."

팀장: "뭐, 아직도 안 되었어? 그리고 내 말은 왜 무시하는가? 지열 시스템은?"

팀원: "신사옥의 위치가 9호선 지하철이 다니는 곳이라서 지열관을 지하에 심기가 어렵다는 것이 설계업체 의견입니다."

팀장: "이봐, 지난번에 사장님 신규 집무실 레이아웃도 내 지시를 무시하더니, 이번에도 반대를 위한 반대를 하는가?"

팀원: "(도면을 접고 한숨을 쉬며) 팀장님, 우리가 언제까지 과거 속에 살아야 합니까? 현안을 보고 문제를 지적해 주십시오. 제발."

조 과장은 문을 박차고 나가는 팀장의 또 파생된 뒤끝을 걱정스럽게 바라볼 뿐이었다.

7 저주인형 상사

: 이유 없이 경멸하고 저주를 퍼붓는 상사

부문별 경영혁신과제 회의에서 각 팀의 팀장이 혁신안을 발표하고 있다. 재경상무(CFO)가 매서운 눈으로 발표자를 주시한다.

개발1팀장: "저희 개발1팀은 메가트론1호의 전면공정을 내작에서 외작으로 협력사에 위탁생산을 진행함으로써 제조원가를 5% 절감하고자 합니다."

재경상무: "(말을 자르며) 잠깐, 우리가 제작하던 것을 협력사로 단순히 바꾼다고 원가가 낮아지나? 그렇다면 왜 진작 안 했지? 기존에 안 되니까 안 한 것 아닌가? 그리고 협력사의 품질상태와 납품력을 우리가 어떻게 믿나? 결국 하청을 주는 것과 동일한데, 총체적인 비용을 따지면 더 많은 원가가 투입되는 거잖아?"

개발1팀이 신나게 깨지고, 개발2팀 발표가 이어졌다.

개발2팀장: "저희는 엣지AI칩 S/W 개선안을 금년에 진행할 예정이며, 원가절감 20%가 목표입니다. 방법은 S/W 개선 코드를 디지털트윈을 통해서 사전 시뮬레이션함으로써 장비 구입에 따른 비용을 20% 절감하고자 합니다."

재경상무: "(말을 자르며) 이해는 가는데, 디지털트윈을 하는데 비용이 또 들잖아. 그 소프트웨어 비용을 유형 효과에서 공제해야지. 또한 실패하는 경우에는 괜히 비용만 드는 셈일세. 차라리 장비를 도입하면 파

일롯 운영으로 경험치라도 남지. 디지털트윈은 무슨. 참 나, 아무거나 AI를 갖다 붙이면 혁신이 이루어지나?"

개발2팀이 어김없이 꾸지람을 듣고, 개발3팀이 발표한다. 재경상무가 일어선다.

재경상무: "자~ 여러분이 고생하는 것은 알겠는데. 여기는 학교가 아냐, 성과를 내야 하는 회사라고. 여러분의 그 고귀한 취미생활로 시간을 낭비할 수 없어. 현실적인 것과 가치 있는 것을 가져와. 개발3팀은 다음에 하자고. 개발1팀, 2팀도 다시 정신 차리고 발표해. 해산!"

열심히 준비한 직원들은 뭘 잘못했는지 모르는 허탈함과 좌절감을 느끼며 자리로 돌아갔다.

8 비윤리형 상사

: 금품 수수, 성희롱, 갑질을 일삼는 윤리적이지 못한 상사

강 팀장이 감사실의 호출을 받았다. 감사실장이 경위서를 주면서 말한다.

감사실장: "강 팀장, 이번에 성희롱 관련 투서가 들어왔어요. 또, 회계팀이 법인카드 실사를 했는데 사장님께서 보고를 받으시고는 진위 파악과 함께 징계위원회를 말씀하셔서 인사팀장이 준비 중입니다. 우선 여기 경위보고서를 작성해 주세요. 이유나 들어봅시다. 먼저, 왜 직원

들에게 성희롱을 했나요? 또, 휴일에 지방에서 근거도 없이 법인카드를 썼던데, 무슨 이유죠?"

강 팀장: "(경위서를 받으며, 억울한 듯) 성희롱이라뇨? 여직원이 연차 쓰길래 물어봤고, 여행을 간다고 하길래 사랑하는 애인과 함께 가는지 10분 정도 대화를 나누었을 뿐입니다. 업무가 위중한데 제 팀원의 연차 사유는 알 권리가 있잖아요? 그리고, 법인카드 말인데요. 제 카드와 색깔이 비슷해서 쓴 것입니다. 정말입니다. 허허."

감사실장: "(한심하다는 듯이 바라보며) 강 팀장, 감사실은 근거 없이 부르지 않습니다. 익명 제보 이외에도 주변 직원들의 성희롱 관련 경위서도 다 받아놨어요. 평소 여직원들에게 성적인 농담이 많다 보니 여사우회에서 공식적으로 경고장도 받은 것 다 알고 있습니다. 그러니까 강 팀장 부서의 팀원 퇴사율이 다른 팀 대비 세 배가 넘는 겁니다. 또한, 법인카드의 색깔 구별을 못 했다고 하시는데, 그중에는 일과시간에 인터넷으로 주말에 호텔 숙박을 결제한 것이 있어요. 증빙서류도 이미 다 확보했습니다. 주중에 속초에는 왜 갔고, 법카로 왜 여러 건의 결제를 했습니까? 속초에도 우리 고객이나 협력사가 있던가요? 한번 얘기해 보시죠!"

9 상식파괴형 상사

: 지향점이 불분명한 예측 불가능한 상사

현장소장 주간업무보고 시간이다. 최 팀장이 30분이나 늦게 참석한다. 참가자 전원이 긴장된 가운데 아직도 술에서 덜 깬 얼굴의 최 팀장이 매섭게 질문한다.

최 팀장: "김 소장, 왜 A공구는 배관 시공까지밖에 진행을 못 했나?"

김 소장: "네, 팀장님. 아시다시피 일주일 전에 고객사 VIP 방문이 있어서 공기가 하루 지연되었기 때문입니다. 팀장님께서도 참석하시고 브리핑까지 하셨던 사항입니다."

최 팀장: "그, 그렇지. 김 소장, 그래도 공기는 지켜야지. 야근을 진행하세요. 그건 그렇고, 정 소장, C공구는 왜 아직도 파일 작업이 안 되었어? 이유가 뭐야?"

정 소장: "네? 팀장님께서 파일 재고가 부족하니까 작업을 늦추라고 직접 지시하시지 않으셨습니까?"

최 팀장: "그, 그래? 그래도 유도리 있게 작업을 해야지. 왜 그렇게 눈치가 없나? 그리고 박 소장, D공구에서 사고가 있었다면서? 보고해 봐."

박 소장: "(사고경위서를 PT로 띄우며) 사고 인원의 건강상태는 왼쪽 어깨가 탈골이…"

최 팀장: "박 소장, 그런 것 말고, 산재처리비용이 얼마야? 그것부터 보고해. 아니, 시간 없으니까 별도로 보고해. 그리고 다들 잘 들어. 내가 삼일간 자리를 비울 예정이야. 그래도 불시에 현장에 방문할 거니까 긴장 늦추지 말고 일하라고. 바쁘니까 결재는 몰아서 올려!"

회의가 끝나고 현장소장들은 웅성거렸다. 최 팀장이 각 현장의 산적한 문제에 대해 결정을 내려준 것이 없는 데다가 근무 동선이 불분명했기 때문이다. 현장은 긴급 결재가 많고 팀장은 모바일 결재가 가능한데 왜 몰아서 결재하려는지 현장소장들은 도통 이해할 수 없었다.

10 전쟁광 상사

: 회사 내 유관부서와 전쟁을 일삼는 상사

영업팀 김 차장이 박 과장과 함께 담배를 피우며 말한다. 제조팀과 구매팀을 차례로 돌려차기한 영업팀장에 대한 얘기이다.

김 차장: "박 과장, 어제 A제품 미출고와 관련하여 우리 팀장님이 제조팀장과 한판 붙었다지?"

박 과장: "(손을 내저으며) 아유~ 말도 마십시오. 제가 그 자리에 있었는데, 전화로 고성이 오가고 난리가 났었습니다. 그런데 사실 그 원인은 고객이 갑자기 수주 사양을 변경하는 바람에 출고가 늦어진 것이므로 우리에게 있습니다. 그런데도 팀장님이 공장장님에게도 전화해서 제조팀장이 엄청 깨졌답니다. 분위기가 매우 안 좋다고 제 동기인 최 과장이 얘기하더라고요. 어제 최 과장이 저에게 너희 문제를 왜 우리한테 덮어씌우냐고 툴툴거리길래 저도 퉁명스럽게 받아쳤습니다. 팀장님들 사이가 안 좋다 보니 이제는 제가 제조팀 최 과장과 싸우고 있습니다."

김 차장: "아이고 참. 일주일 전에는 임원들이 참석한 경영회의 자리에서 팀장

님이 구매팀장과 대판 했다는구먼. 팀장님이 영업 보고를 하면서, 장납기 B부품이 안 들어와서 납기가 밀리고 고객 불만이 폭주한다고 사장님 계신 자리에서 그대로 고자질했다고 하네."

박 과장: "(한숨과 함께 담배 연기를 내뱉으며) 휴~ 그 건은 두 달 전에 구매에서 영업측에 B부품의 사전 수요조사를 했었던 사항인데, 결국 우리 귀책인 것을 팀장님은 모르셨나보죠?"

김 차장: "왜 몰라? 알면서도 생까는 거지. 아무튼 얼굴이 벌게진 구매팀장이 공식적으로 모욕을 당하고 이를 가는 모습이 역력하더군. 이러다가 전쟁을 일삼는 팀장님 때문에 우리 팀 전체가 회사에서 왕따 되겠어."

그날 밤 구매팀장과 제조팀장은 술을 마시며 영업팀 타깃으로 결의를 다지고 있었다.

이상으로 10가지 유형의 상사를 살펴봤다. 웃프지만 어느 직장이나 공감이 가는 상사는 꼭 있게 마련이다. 직장에서 이런 상사들과의 공존은 긴장의 연속이며 필연적으로 스트레스가 쌓일 수밖에 없다. 딱히 상사가 아니더라도 우리 주변에 존재하고 만연하는 진상의 유형이기도 하다. 그들이 주로 활용하는 무기는 대화이다. 그 파괴력은 우리를 무력하게 만들고, 지속되면 가스라이팅을 당하거나 우울증 등 정신적 피해를 입기도 한다. 그렇다고 계속 도망칠 수는 없는 노릇이다. 어떡하든 극복하면서 동시에 소중한 내 삶을 더욱 가꿔야 한다.

다음 도표는 부덕한 상사의 10가지 유형별 특징과 말투이다. 본서에 이런 상사를 대처하는 방법을 수록했으니 색인을 참조하기 바란다.

부덕한 상사의 유형별 특징 및 색인

No	유형	특징	별명	말투	색인
1	무능형	취미는 서랍 안 결재판 쌓아두기 내가 결정할 건 위로 올려야지 전략은 대충 얼버무려 만들자	고답이 의결찐 월급루팡	오늘 걱정은 낼모레! 만만디 정신 내가 뭘 결정해? 의당 위에서 해야지 좀 멋지고 그럴듯한 전략을 만들어!	1장 5-2, 5-3, 2장 7-1, 7-2, 8-1
2	워커홀릭형	모든 숙제는 내가 해결해야 해 참견하다 보면 뜻밖에 수확물 발견 퇴근 전 숙제 점검, 숙제 내주기	불가사리 오지라퍼 야근이	뭐 하러 남을 시켜? 네가 직접 처리해 오지랖 넓게 행동해. 살아남으려면 휴일이 뭐야? 밤을 세워 끝내야지	3장 14-2, 4장 20-2, 5장 23-1, 24-3
3	유아독존형	내 말이 모든 일의 기준이 된다 부하 직원에게는 반말해도 돼 난 항상 옳고 상대는 틀리다	유아독존 타노스 일찐	경험상 내 말이 곧 맞게 되어 있어 야!! 회사가 장난이냐? 똑바로 해! 나는 이곳에 필연적 유일한 존재야!	3장 13-1, 13-3
4	간신형	실력보다는 정치가 우선 상사 요구는 절대 맞춤. 오지랖 직원은 뒷전, 상사 해바라기	약강이 마타도어 파리싹싹	자넨 윗선 생각 안 해? RU 스투핏? 너는 처세와 정치력이 그렇게 없나? 너희 희생으로 여러 사람 사는 거야!	2장 9-2, 5장 24-1
5	마녀사냥형	부하는 사냥 대상, 노예로 인식 리더의 근본은 쩌는 카리스마 시간 없으니까 용건만 간단히	모두까기 오피스빌런 하운드독	이게 맞아? 얘기해 봐. 맞냐고? x3 아는 건 1도 없으면서 더럽게 말 많네 짧게 좀 얘기해~ 요약보고 해!	2장 10-1, 5장 25-1
6	복수무정형	뒤끝 작렬! 복수의 이를 가는 상사 부하를 세워놓고 갈굼 2시간 하기 한 놈만 팬다. 내 말 들을 때까지	올드보이 틀딱이 복수혈전	예전같이 실패를 준비하지 마! 당신 행동을 내가 가만히 둘 것 같아? 네가 나가든, 내가 나가든 둘 중 하나	3장 14-1, 4장 18-3
7	저주인형	회의 시 연속 질문과 경멸 퍼붓기 아이디어 No. 반대 위한 반대 Yes 칭찬 부재, 질타와 멸시로 일관	대못 저주토끼 모두까기	이래서 사람은 고쳐 쓰지 못한다니깐 이러니까 네가 그 모양인 거야 너 대학 나왔어? 그것밖에 못 해?	1장 2-2, 2-3, 5장 21-2
8	비윤리형	월급 부수입, 주수입은 수금 알바 교묘한 성희롱은 재미난 일상 내가 제일 젠틀해. 논리적 갑질로	호박씨 스트로맨 가스라이팅	업체 결정은 내가 할 거니까 기다려 역시 보기 좋은 게 맛도 좋은 법이지 내가 갑질했냐? 네가 을질했지?	1장 4-1, 3장 14-1, 14-3
9	상식파괴형	기분에 따라 어디로 튈지 모른다 실적은 내 것, 실패는 부하의 것 종적이 묘연한 것이 내 매력	럭비공 불독트린 오놀아놈	내가 한 말을 하나도 이해 못 했군 자네가 한 것은 아무것도 없어! 오늘은 어디 가서 하루를 때우나?	1장 3-2, 5장 25-1
10	전쟁형	항상 화가 나 있는 상태 협력은 No. 위에서 찍어누르기 일방통행. 전후좌우와 소통 부재	히틀러 낙하산 폭탄새	뭐? 나중에 얘기해. 열 뻗치니깐 위부터 조지면, 아래는 자연 해결돼 타 부서가 뭐라 하든 해주지 마. 절대	1장 2-1, 2장 9-3

이 책에서는 전쟁과 같은 직장생활을 지혜롭게 극복하는 방법으로, 언어를 활용한 다섯 가지의 개선방안을 제시한다. 그것은 '기획, 보고,

처세, 작문 그리고 소통'이다. 필자가 약 30년간 직장생활을 하면서 경험한 사례와 성과를 수록했다.

목차

Prologue

1장 심플하게, 기획하다

2장 간략하게, 보고하다

3장 단순하게, 처세하다

4장 간결하게, 작문하다

5장 간단하게, 소통하다

1장

심플하게, 기획하다

01

정문일침(頂門一鍼) 거침없이 본질과 정곡을 찌르다

1 목표는 한눈에 척, 그리고 가슴이 뛰도록

모든 직장 업무는 정해진 목표가 있다. 수익을 얻는 일이 아니라면 행할 이유가 없다. 업무를 처리할 때 시뮬레이션을 하는 것이 중요한데, 그것을 기획이라 한다. 목표에 다가서기 위해 사전에 진행해 보고 가장 최적의 해답을 찾는 것이다. 이런 목표는 복잡하게 표현할 이유가 없다. 존 F. 케네디는 1961년 "우리는 10년 내 달에 갈 것이다."라고 미항공우주국(NASA)에 심플하게 주문했다. 그 당시 모호한 비전을 가지고 있던 NASA는 간단명료한 아폴로 프로젝트에 집중하여, 1969년 닐 암스트롱이 달에 발자국을 남기는 쾌거를 이뤄냈다.

책상이 어수선한 경영자는 명쾌한 결론을 내리지 못한다. 필자는 책상 위에 노트북, 전화, 모니터 외에는 아무것도 올려놓지 않고 퇴근한다. 다음날 출근하면 말끔한 책상처럼 내 머릿속도 비워두기 위함이다. 일도 마찬가지이다. 결재판이 쌓여 있으면 업무부채도 쌓이게 된다. 신속히 결론을 내리거나 반려시켜야 한다. 내 책상은 결재판의 쉼터가 아니라 거쳐 가는 공간에 불과하다. 핵심적인 의사결정은 오너가 아닌 이상 나를 거쳐 갈 뿐이다. 늦은 의사결정은 결국 조직을 뒤처지게 만든다.

근래 개봉한 영화 〈범죄도시3〉는 다시금 1,000만 관객을 넘어섰다. 각본과 연출도 우수하지만, 사실 대다수는 마동석이 뻗는 주먹 한 방을 보기 위해 영화관을 찾는 것이다. 시원한 핵펀치가 스트레스를 통쾌하게 날려버리기 때문이다. 회사일도 목표는 명확하게, 결론은 심플하게 내려야 한다.

2021년 세계 최고의 부자 1위에 등극한 테슬라 CEO 일론 머스크는 "위대한 회사는 위대한 상품에서 나온다."라고 말했다. 2위인 아마존 CEO 제프 베이조스는 "실패를 감수하고 시도한 것은 후회가 없다. 하지만 아마존을 시작하지 않았다면 평생 후회했을 것이다."라고 했다. 직원들은 경영자의 입을 주목한다. 간결하지만 깊은 철학이 담긴 금언에 가슴속의 열정이 살아난다. 오너의 기분에 따라 받는 인센티브보다는 목표를 향해 집중한 결과로 완수된 성과 속에 성장한 내가 더 중요한 것이다. 리더는 군말 없이 목표를 향해 달려가도록 열정을 불어넣는 언어를 구사해야 한다.

모 회사는 B본부와 C본부로 이루어져 있다. B본부는 항상 영업이익이 30억 이상 나지만, 신생인 C본부는 언제나 40억 이상 적자를 본다. 늘 패배하여 열등감에 빠진 C본부에 새로운 전문경영인을 채용했다. 그는 회사 오너에게 무언가 담판을 짓고 취임식에 임했고, 직원들에게 이렇게 말한다.

"금년도 영업이익을 10억 이상 내면, 50%를 성과급으로 지급합니다."

직원들은 한 번도 겪지 못한 비저닝에 솔깃함과 함께 열정이 타올랐다. 연말에 C본부는 20억의 영업이익을 냈다. 10억의 보너스가 직원들에게 지급되었다. 물론 그다음 해부터는 정상적인 PS, PI제도를 운영했다. 그 이후에는 지속적인 이익이 났기 때문이다. 한번은 기존 관행과 패배를 부숴버릴 Ice-Breaking이 필요하다. 그 이후에는 크루즈 기능으로 질주하는 차량처럼 가속과 안정성이 지속될 것이다.

② 일정은 최종점에서 현재 순으로 백워드 정리

일은 결국 시간과의 싸움이다. 가장 유용한 자산인 시간을 어떻게 최소 활용하여 최대 목적을 이루느냐가 관건이다. 시간순으로 일정을 수립하는 방법도 있지만, 역순이 더 효율적이다. 목표일을 D-day로 하여 역으로 타임체크 하는 것이다.

김 팀장이 장 대리에게 제품 출고 일정에 대하여 묻는다.

팀장: "장 대리, 오늘이 10일인데 A제품이 30일까지 출고되어야 하지 않나?"

팀원: "네, 어제 고객이 발주서는 보내왔는데, 계약은 아직 체결이 안 됐습니다."

팀장: "그럼 계약서 초안은 보냈는가?"

팀원: "아직 안 보냈습니다. 계약서상 금액이 확정되지 않았기 때문입니다."

팀장: "표준금액을 제시하면 되는데, 무슨 문제라도 있나? 디스카운트(DC)를 요구하는가?"

팀원: "네, DC 10%와 납기 30일을 요구하고 있습니다. 그러나 DC도 어려운데, 지체하면 공장의 사정상 30일까지 출고도 어려운 상황입니다."

팀장: "자, 정리해 보세. 엔드데이가 30일이니까, 우선, 가격 협상을 12일까지 마무리 짓게. 내가 책임질 수 있는 DC 마지노선은 7%까지니까 3%부터 협상을 시작하게. 두 번째로, 14일까지 계약서를 마무리하고 ERP계약 보고는 15일까지 입력하게. 세 번째, 16일에 공장에 전화해서 30일 출고를 통보하게. 공장도 2주 정도 시간이 있으니까 원자재 수급과 공정관리에 문제가 없을 거야. 이렇게 Backward로 일정을 수립하면 내가 뭘 해야 하는지 명확해진다네."

장 대리는 김 팀장의 지시를 열심히 받아 적으면서, 가슴속이 후련해지는 기분이 들었다.

3 시장은 확인 수준을 넘어 창출을 염두

무능한 직장 상사는 의사결정에 비교 대상이 필요하다. 현 정책은 어떠한가? 경쟁사는 어떻게 행동하는가? 시장은 어떻게 돌아가는가? 고객의 종류와 니즈는 무엇인가? 하다못해 이것도 저것도 아닌 의사결정이라면, 과거라도 비교해야 한다. 비교를 해야 트렌드가 나오고 그래야 과거대로 결정해서 미스를 줄인다고 생각한다. 물론 직장에서는 과감하게 사라져야 할 문화이다.

직장 상사는 낙하산이 아닌 이상 해당 직무의 전문가가 맡아야 한다. 직장 상사가 순환보직이 되는 경우에는, 비슷한 직무를 경험했거나 밸류체인상 전후 직무를 해봐야 한다. 연구팀장이 영업팀장이 된다든지, 생산팀장이 회계팀장이 되는 경우는 있을 수 없다. 유능한 직장 상사는 직무전문가처럼 시장을 훤히 꿰뚫고 있다. 야생의 늑대가 먹잇감의 냄새를 본능적으로 직감하는 것과 같다.

전문가는 시장의 판세가 어떻게 돌아가는지 세밀한 확인이 필요하다. 전문가가 시장정세를 파악하는 정보력은 혈관이 모이는 심장과 같이 파워풀하다. 그래서 팀원은 보고를 짜임새 있게 해야 한다. 시장의 정황만 보고하는 것으로는 부족하다. 시장을 창출하려면 어떻게 해야 하는지 공격적으로 접근해야 한다.

L패션회사. 팀장이 지시한 가상 오피스 서비스 시장에 대하여 팀원이 메타버스와 패션산업을 접목하는 리포트를 올렸다.

Bad

팀원은 단순히 메타산업의 상황만 보고했다.

팀장: "(리포트를 뒤적거리면서) 메타버스를 내가 모를까 봐 이렇게 구구절절 적어 놓았나? 우리 브랜드로 가상 오피스 시장을 선점할 대안이 뭔지 답해오라고 했잖아?"

팀원: "네? 팀장님께서 지시하신 현재 시장에 대해서 우선 작성했는데요?"

팀장: "시장을 누가 모르는가? 자네의 아이디어는 없나? 우리가 나아갈 방향은 뭔가?"

팀원: "(머리를 긁적이며) 아.. 네, 다시 작성해 오겠습니다."

팀장의 질문을 되뇌면서 팀원은 자괴감이 밀려온다. 팀원은 곧 멘탈을 잡고 다시 준비한다.

Good

이번에는 시장의 창출까지 염두에 두고 보고한다.

팀장: "(리포트를 섬세히 보면서) 오, 그래! 시장 분석은 아주 잘 되었군. 그리고 자네가 제시한 '메타웨어몰'에 대해 자세하게 설명을 좀 해주겠나?"

팀원: "네, '메타웨어몰'은 MZ직장인이 백화점, 아울렛에서 마음에 드는 옷을 초이스하는 시간을 절감하기 위해, 우리 회사가 메타버스 내에 가상의 3D 패션 솔루션을 제시하는 것입니다. 3D로 구

성된 가상의 오피스 공간에서 자신과 닮은 체형의 아바타를 운영하면서 다양한 쇼핑을 하는 콘셉트입니다. 현실과 가상의 만남이라는 네이밍으로 취준생과 MZ회사원의 흥미를 유발할 수 있는 장점도 있습니다. 솔루션 출시와 동시에 KBC 18:30분 뉴스 전후에 집중 프로모션하면 디지털 패션 점유율을 현재 10%에서 20%까지 올릴 수 있을 것으로 봅니다."

팀장: "그래 이거야. 베리 굿! 당장 아이디어심의위원회 상정을 준비해. 잘했어."

시장조사는 현상을 원하는 것이 아니라, 결국 우리는 어떤 방향으로 어떻게 접근해야 하는지까지 염두에 두라는 의미이다.

02

논쟁보다 새로운 대안을 제시하다

1 파사현정(破邪顯正), 열 가지 지적보다 한 가지 제안

'파사현정'은 그릇된 생각을 버리고 올바른 도리를 행하라는 불교 용어이다. 우리는 회의 석상에서 지적질만 하는 사람을 본다. 나의 주장을 은근히 깨는 그를 보면, 정말이지 얄밉다 못 해 한 대 쥐어박고 싶은 심정이 들 때도 있다. 그는 가만히 앉아서 내가 몇 시간 동안 곱씹어 내어놓은 안건을 여러 사람 앞에서 뒤죽박죽으로 만들기 때문이다. 깊은 식견에서 우러나온 일침은 고개를 끄덕이게 하면서 공부하게 만들지만, 자기 두각을 드러내기 위해 내뱉는 조언은 꼼수와 같다. 나는 항상 그런 이에게 반문한다. "그렇다면 대안을 제시해 주세요."라고.

지적(그릇된 생각)은 쉽지만 제안(올바른 도리)은 어렵다. 안 되는 이유를 찾으려고 하면 무궁무진하다. 문제가 있다면 그것을 어떻게 극복하고 해결할 것인가가 중요하다. 해법을 내놓지 않는 지적은 잘난 체를 하고자 함이다. 상대의 말에 모순이 있다면 질의 후 답변을 듣고, 나에게 좀 더 좋은 아이디어가 있다면 덧붙이는 방법을 권고한다. 봉건주의 시대에 카페문화를 발달시킨 영국은 훗날 해가 지지 않는 대영제국을 이루었는데, 많은 대화를 나누면서 논리 개발과 아이디어가 도출되었기 때문이다.

반도체 케미컬을 다루는 제조 현장에서 정전 사고가 났다. 잠시의 일이었지만, 안정화된 화학약품의 레시피를 재조정해야 하는 심각한 문제가 발생했다. 제조팀장 마 부장이 곧바로 회의를 소집했다. 현장의 수장인 최 직장이 대안 A와 B를 보고했고, 마 부장과 품질관리 정 과장이 참석하여 질문과 대답을 이어간다.

최 직장: "저는 A와 B의 대안을 보고드립니다."

마 부장: "최 직장, 그 내용은 알겠어. 그런데, A와 B 중 당신 의견은 어떤 안이 좋다는 거야?"

최 직장: "네, 제 의견은……"

정 과장: "(최 직장이 머뭇거리자 갑자기 끼어들며) 마 부장님, 레시피 A안은 수율이 10% 다운되고, B안은 납기가 5% 늦어지기 때문에 의사결정이 쉽지 않아 보입니다. 다른 대안이 필요할 것 같습니다."

마 부장: "(불같이 화를 내며) 최 직장, 다른 대안은 없어? 이걸 답이라고 가져오나?"

최 직장: "네, 제 대안은……"

정 과장: "(또다시 최 직장 얘기를 컷숏하며) 그래도 납기가 늦어지는 것보다는 당분간 수율이 낮은 것이 품질 측면에서는 유리하다고 봅니다."

마 부장: "(더 화가 나서) 무슨 얘기야? 품질과 납기를 동시에 잡아야지. 최 직장, 시간당 손실이 얼마인지 아는가? 한 시간이면 당신 연봉과 맞먹어. 이 사람아, 생각 좀 하고 살아."

최 직장: (@_@)

욕하는 시어미보다 말리는 시누이가 더 밉다. 최 직장은 한마디도 못하고 욕을 먹는다. 최 직장은 정 과장을 철천지원수로 여길 것이다.

Good

만약, 정 과장이 최 직장의 얘기를 다 듣고 나서 이렇게 답변했다면 어땠을까?

정 과장: "최 직장님 의견 잘 들었습니다. 제 의견도 말씀드리겠습니다. 다만 A는 수율 다운, B는 납기 지연이 우려되므로, C안을 검토하시면 어떻겠습니까? 2일 정도 시간이 소요되겠지만 장기적인 안목에서는 레시피 안정률을 30% 정도 앞당길 수 있습니다."

이렇게 하면, 마 부장이 화가 날 이유가 없고, 최 직장도 정 과장의 아이디어에 자신의 경험을 더해 대안을 제시했을 것이다.

2 리스크? 헷지(Hedge)는 쉬워, 테이크(Take)가 어렵지

회사에서 발생하는 리스크에 대하여 대부분의 관리 부서와 영업 부서의 생각은 다르다. 관리 부서는 리스크 헷지(Risk Hedge) 혹은 최소한 리스크 매니지먼트(Risk Management)로써 리스크를 없애거나 관리하려고 한다. 관리에서 리스크는 제거의 대상이기 때문이다. 영업은 리스크 테이크(Risk Take), 즉 리스크를 안고 가면서 해결하려 한다.

영업자는 각자 대표라고 생각한다. 그래서 영업담당의 호칭을 대표라고 부르는 회사도 많다. 나는 윤리적인 문제를 제외하고, 제대로 된 영업 출신이 직장에서 패퇴하는 경우를 본 적이 없다. 모든 영업자는 어디에 가서도 먹고산다. 돈을 가진 고객과 최접점에서 본능적으로 돈과 수익을 좇아가며 고민하기 때문이다. 영업담당이 상대하기 가장 어려운 사람은 외부가 아니라 조직 내부의 관리자인 경우가 대부분이다. 영업자는 사업의 수익을 바라보지만, 관리자는 이면에 있는 리스크가 눈엣가시이다. 관리자는 리스크 헷지가 안 된 사업은 애당초 할 필요가 없다고 생각한다. 당연한 얘기이다. 그렇지만 거기서 단절을 시키면 사업은 경쟁자에게 넘어간다. 그래서 적절한 협상이 필요하다. 그 중심점에 영업담당이 서 있다.

리스크는 헷지는 쉽고, 테이크가 어려운 법이다. 리스크가 부재한 사업은 세상에 없다. 위기를 가져와서 기회로 만들어야 한다. 기회는 위기의 다른 얼굴이다. 여러 각도에서 위기를 마주하다 보면 리스크를 마모시키면서, 잠시 후 취해야 할 기회가 서서히 모습을 드러낸다.

전남 진도의 도서 지역에 연료전지발전소를 만드는 사업에 대한 수주심의위원회가 열리고 영업팀장 유 차장이 PT를 진행한다. 회계팀장과 재경실장(CFO), 사장이 참여했다.

영업팀장: "수주를 위해 검토할 것 중 가장 큰 것은 역시 금액입니다. 저희는 300억에 견적을 냈는데, 고객은 270억 이상은 불가하다는 입장입니다. 저희 추산 원가는 270억입니다."

회계팀장: "(어이없다는 듯이) 유 차장님, 우리 원가로 사업을 따내겠다는 얘기인가요? 리스크가 전혀 헷지가 안 되지 않습니까? 매출이익이 10%도 나지 않고, 도서 지역이라 제대로 된 인프라도 갖춰지지 않은 곳에서 시공하려면 여러 가지 변수들이 있을 것이고, 그것은 예비비를 증가시키게 될 터인데 어떤 헷지 방안이 있습니까? 막말로 우리는 흙 파서 장사합니까?"

영업팀장: "네, 강 팀장님. 그래서 다시 견적을 낼 예정입니다. A안은 290억에 수주하고 10억을 토목시공비 절감을 통해 수익을 유지하는 방안이고, B안은 280억에 수주하고 10억은 토목시공비 절감, 그리고 10억은 S/W 업그레이드 설계 변경을 통해 수익을 창출하는 방안을 검토

했습니다. 이렇게 하면 매출이익 10%를 유지할 수 있습니다."

재경실장: "이봐요 유 차장. 우리는 리스크가 있는 사업은 안 합니다. A안이든 B안이든 수익 20%는 보장되어야 합니다."

영업팀장: "(볼멘소리로) 회사의 매출이익 기준은 10% 이상이 되면 OK로 알고 있습니다. 그런데 갑자기 20%는 너무 가혹합니다. 고객이 대안이 없지 않습니까? 경쟁사는 우리보다 10억이 낮은 260억을 제안한 상태입니다. 수주를 하면 매출 증대와 일반관리비를 책임질 수 있지 않습니까? 그것 자체가 저희에게 유리한 것입니다. 다시 한번 검토해 주십시오."

재경실장: "(단호하게) 사업이 장난이야? 우리도 수익이 없으면 할 수 없어. 사업을 그만 포기해."

사장: "(듣다못해 영업 출신의 사장이 일어나며) 이것 봐, 재경실장! 그렇게 사업을 무 자르듯 자르면 어떻게 하나? 리스크가 없는 사업이 어디 있어? 그것을 매니지먼트하는 것이 당신의 임무 아닌가? 어렵게 가져오고 어떻게든 추진하려는 사업을 단칼에 리셋하는 것은 말이 안 돼. 내일 10시까지 영업팀장은 숫자를 다시 점검하고, 재경실장은 좀 더 허리띠를 졸라맬 방법이 있는지 재검토해서 3가지 이상 아이디어를 나에게 가져오세요. 그다음에 사업 진행 여부를 판단합시다."

재경실장(CFO)은 어금니를 꽉 깨물었지만, 내일 10시까지 대안을 세 가지 마련해야 했다.

3 '만약에'보다는 '이제부터'를 가까이

회의 석상에서 '만약에'라는 단어를 주로 쓰는 이가 있다.

"만약에 사업이 홀딩되면 누가 책임질 거야?"

"만약에 금융권에서 PF가 승인 안 나면 어쩔 거야?"

"만약에 예타(예비타당성 조사)를 통과하지 못하면 누가 감당하나?"

이렇듯 미래에 일어날 수도 있는 최악의 상황을 미리 앞당겨 출발하려 한다. 그러나 미래는 아무도 모른다. 만약을 최악으로 가정하는 관리지향적 자세는 손실을 감소시킬 수는 있지만, 대안을 내놓지 않는 이상 수성(守城) 전략에 불과하다. 빼앗기지 않는 것이 최선이라는 수비적인 자세인 것이다. 수비만 해서는 골을 넣을 수 없다. '만약'이라는 미래를 현재로 가져와야 한다. 즉, 지금부터 무엇을 할 것인가가 중요하다.

"이제부터 사업이 홀딩되지 않도록 최소한의 투자와 밀착 영업을 강화합시다."

"이제부터 PF 승인 여부를 확인하고, 당사의 재무임원이 은행의 지점장을 설득해 봅시다."

"이제부터 예타의 사전심의를 해당 본부장님께 먼저 상신하여 재가를 받아냅시다."

'이제부터'는 미래를 성공으로 만들기 위한 단어이다. 리스크가 있더라도 미래를 성공으로 만들어버리면 문제가 없어진다. 이제부터 시작해도 늦지 않다가 아니라, 이제부터 실행해야 승리하는 것이다. 의지가 성공을 견인한다.

사례를 살펴보자. 경남 사량도에 해양 휴양 시설의 시공 입찰을 놓고 사내에서 갑론을박이 진행 중이다. 영업팀장은 어떡해서든 진행하려고 노력하고 있다.

영업팀장: "기술팀장님, 입찰에 견적가를 내는 것은 영업 본연의 직무입니다. 이런 것까지 회의를 해야 합니까? 이건 회사의 로스이죠."

기술팀장: "해당 사업은 회사의 리스크가 너무 큽니다. 입찰 예가가 총 1조 3,000억인데, 제가 검토한 저희 원가가 1조 3,000억입니다. 즉, 남는 것이 없습니다. 만약에 시공상 문제로 인하여 설계 스펙을 오버한다면 그야말로 마이너스 사업입니다. 그럼 누가 책임을 집니까? 저에게 뭐라 할 것 아닙니까? 그래서 회의를 소집했습니다."

회계팀장: "(고개를 끄덕이며) 영업팀장님, 단순히 매출원가가 100%라면, 일반관리비와 이윤도 없는데 이런 프로젝트를 해야 하나요? 만약에 향후 감사가 나오면, 알고도 진행을 묵인한 저는 직무 유기가 됩니다."

구매팀장: "근래 원자재가 올라서 업계에서는 EPC사업을 회피한다고 합니다. 승자의 저주라는 얘기가 들립니다. 만약에 입찰에서 승리해도 나중에는 남는 것이 없어서 결국 회사에 피해만 가져온다는 얘기지요. 입찰에서 돈 버는 것은 점점 어려워지고 있습니다."

영업팀장: "(숫자를 정리하며 열변) 팀장님들, 제 말을 들어보십시오. 제가 어제 각 협력사로부터 받은 견적을 1차로 취합한 결과 1조 1,000억이면 시공을 진행할 수 있습니다. 그러면 원가율이 85%입니다. 일반관리

비 5%를 공제하면 나머지 이윤이 10%가 되는데, 이런 사업을 왜 안 한단 말입니까? 반면, 저희 경쟁사들이 뭣 때문에 입찰에 참여하겠습니까? 이제부터 기술팀에서는 설계 스펙을 재검토해서 원가 다운할 것을 찾아보고, 이제부터 구매팀은 낙찰 이후 협력사 Pool을 놓고 예가 80%로 입찰을 하시면 되지 않습니까? 회계팀장님, 이런 경우에도 직무 유기가 될까요?"

영업팀장의 합리적인 일갈에 다른 팀장들은 웅성대고 있다. 영업팀장이 '만약에'를 생각한다면 이 회사는 수주를 할 수 있을까? '이제부터' 전략을 앞으로 진전시켜야 한다.

03

거일반삼(擧一反三) 모든 주장에는 근거가 필요하다

1 로직트리(Logic Tree)를 만들고 근거를 수집한다

회사 업무는 논리의 연속이다. 논리가 없는 기안은 대다수 기각된다. 내가 말하려는 'A'는 팩트와 함께 근거가 있어야 한다. 무너지지 않는 논리를 만드는 방법은 무엇일까? 로직트리를 만들어보자. 로직트리는 꼭 기안에만 사용하는 것은 아니다. 회의 전 핵심 사항을 정리하거나, 발표할 때 반대자의 의견을 일축하기 위한 논거를 위해 사전에 작성하는 방법이다. 로직트리는 방향성을 잡고 좌에서 우로 나뭇가지 형태로 정리하면 된다.

가령, 로봇회사에서 로봇 아이템별 사업을 계속 진행해야 할지 멈춰야 할지를 리뷰하는 회의가 있는 경우이다. 만일 내가 기획팀원인데, 기획팀장이 전략의 방향성을 성장전략과 경쟁전략의 측면에서 설정하고, 아이템을 검토하라고 지시했다고 하자. 제일 좋은 것은 PT를 만들어서 보고하는 것인데, 팀장이 복잡하니까 그냥 말로 정리해서 발표하라고 한다. 이런 경우, 그냥 대화로 때우면 되는가? 아니면 내 생각을 사전에 정리하고 아무런 예고도 없이 들이닥칠지 모르는 질문에 대비한 논리도 정돈해야 하는가? 당연히 후자이다. 생각을 정리하는 로직트리를 만들어보자.

성장전략과 경쟁전략 로직트리

전략의 방향성에 전제를 놓고, 성장전략과 경쟁전략의 두 축으로 크게 구분한다. 성장전략은 주력 확대, 다각화, 사업 철수로 나뉜다. 주력 확대는 기존 시장을 확대하거나 신규 제품을 론칭하거나 신규 시장을 창출하는 것으로 구분된다. 다각화는 우리 사업의 관련 유무에 따라 관련 다각화와 비관련 다각화로 나뉜다. 사업 철수는 자산매각이나 영업권을 양도하는 방법이 있다.

경쟁전략은 시장 철수, 차별화, 원가 우위 등 세 가지의 전략이 도출되었다. 시장 철수는 분사하는 방법이 있고, 차별화는 제품의 기술력을 향상하는 방법과 마케팅전략을 수립하는 것으로 구분되었다. 원가 우위로는 VE(가치공학)와 원가절감의 방법이 도출되었다.

여기까지 작성한 것은 서론에 불과하다. 교과서에 나온 전략의 틀을 사용한 것이다. 이제 본론과 결론에 도달해야 한다. 가장 중요한 회사의 아이템을 나무에 대입해 보면 손쉽게 식별된다. 즉, 어떤 전략의 방향성에 대한 아이템별 전략이 도출되기 시작한다.

전략별 로봇 아이템 선정 로직트리

로봇 아이템은 지능형 로봇, 반도체 로봇, AI 드론으로 나뉜다고 가정한다. 기존 시장 확장에 지능형 로봇은 봇라인 확장과 AI 컨베이어, 배송 로봇이 해당된다. 지능형 로봇의 신규 제품으로는 서비스 로봇을 적용하되, 다각화에 있어 로봇 플랫폼을 론칭하고, 사업 철수는 소셜 로봇은 자산매각을, 단순 물류봇은 영업권 양도를 함으로써 시대적인 흐름에 맞춰야 한다는 생각을 했다. (중략) 이렇듯 생각을 정리하기 위해서는 나뭇가지 형태로 로직트리를 만들어보면 훌륭한 맵핑이 된다.

이 맵을 보고 전체적인 시각을 가진 다음, 중요한 것을 추출하거나 연계되는 것끼리 선을 긋다 보면 새로운 아이디어를 창출할 수 있다. 이것은 어떤 질문에도 전혀 주눅 들지 않는, 견고한 논리의 근거를 마련하는 방법이다.

2 근거는 찾는 것이 아니라 만들어내는 것

보고서를 냈는데 직장 상사가 꼬치꼬치 해당 내용의 근거를 가져오라고 압박한다. 정보화시대에는 중간재에 해당하는 정보를 IT에서 대부분 찾을 수 있다. 하지만 감초와 같은 평범한 약재도 약에 쓰려고 하면 재고가 없기 마련이다. 상사가 급박하게 재촉할 때는 우리의 생명을 단축시킬 정도로 스트레스가 심한 경우가 많다. 갑자기 왜 근거를 묻고 급하게 찾아오라고 난리인가? 새콤달콤한 수식어로 그럴싸하게 포장하여 답변 단절의 위기를 극복하려는 우리에게 상사가 던지는 비수의 한마디는 "근거가 뭐야?"이다. 하지만 맞춤형 근거는 찾는다고 좀처럼 나오지 않는다. 근거는 만들어야 하는 것이기 때문이다.

군대에서 선임이 1,000원을 주면서 심부름을 시킨다.

선임: "소시지와 담배, 음료수 4개 사 오고, 남은 잔돈으로 너 빵 하나 먹어라."

후임: "(이게 뭔 말이야?) 충성! 상병님, 1,000원은 정말 모자라도 한참 모자랍니다. 1,000원 가지고 무슨 수로 그 많은 것을 살 수 있습니까?"

선임: "야, 내가 사 오라고 했냐, 구해 오라고 했지? 어떻게든 소시지, 담배, 음료수 4개를 내 앞에 갖다 놓으란 말이야?!"

후임: (이게 무슨 개소리야?) @.@

물론 지금은 이런 병영 문화는 없다. 하지만 마치 전쟁터와도 같은 직장에서는 이런 군대 정신이 살아 움직인다. 가끔 직장 상사도 군대의 선임과 마찬가지로 말한다.

상사: "내가 근거를 찾으라고 했나, 무조건 내 앞에 갖다 놓으라고 했지? 찾아내든 만들든 각색하든 그것은 자네의 몫이야. 알아서 만들어 와."

기술팀에서 이번 달에 두 명의 직원이 퇴사했다. MZ직원의 퇴사에는 이유가 없다. 퇴사도 능력이며 트렌드가 되는 시대이다. 연봉과 처우가 우세한 곳으로 옮기는 것이 요즘의 추세다. 기술팀장은 본부장에게 두 명을 충원하겠다고 했다. 본부장이 대뜸 이렇게 말한다.

본부장: "회사 사정도 어려운데, 충원보다는 인사팀과 먼저 얘기하고 다른 팀에서 배치를 전환하는 '순환보직'을 좀 해보면 어때? 채용을 해도 한 달도 안 되어 퇴사하면 기존의 선임들이 트레이닝으로 낭비하는 시간도 많고, 직장 내 분위기도 안 좋아서 말이야."

팀장: "그럼 인사팀장과 상의해 보겠습니다."

본부장: "그래, 그렇게 해봐."

기술팀장은 인사팀장에게 얘기했으나, 근래 조직 내에서 경쟁사로의 이직으로 인해 팀원 여력이 없다고 했다. 기술팀장은 하는 수 없이 퇴사한 인원을 충원하기 위한 근거를 작성하여 채용 품의를 하라고 정 대리에게 지시했다. 정 대리가 볼멘소리로 어필한다.

팀원: "팀장님, 본부장님이 채용 불허를 얘기했으면 그에 합당한 근거가 필요한데, 어떤 근거를 대어야 합니까? 석 달을 가르친 신입이 어제 퇴사하여 저도 일이 산더미이고 멘붕이 온 상태에서 이런 채용 기획은 쉽지 않습니다."

팀장: "그래 정 대리 마음 잘 알아. 그렇다고 입찰이 계속되는데 채용 없이 업무를 하다 보면 대리급들이 잔무가 너무 많아서 위험하다는 생각이야. 그러니까 근거를 만들어야지. 우선 기술팀이 직무 분석한 것을 놓고, 지난번에 직무별 인당 평균 시간을 계산한 것이 있잖아. 그리고 현재 추가된 입찰 건 12건을 놓고, 입찰 사이즈에 따라서 표준부하량을 넣읍시다. 입찰 준비에 소요되는 시간에 우리 인원의 부하량 산출 후 그걸 근거로 금년도 말까지 기술 인원 시수가 계산될 거야. 기술 인원 시수에서 현재

인원을 공제하면 최소로 충원해야 하는 TO가 나오지. 그 인원이 4명이 나오도록 하고, 디스카운트해서 2명으로 조정해서 나에게 일단 가져와 봐."

정 대리는 그제야 눈동자의 초점을 찾고 정리해서 팀장에게 보고한다. 기술팀장은 본부장을 설득해서 결원이 생긴 두 명의 재원을 다시 확보하게 된다.

직장에서 소위 똑게(똑똑하지만 게으른)로 통하는 상사들이 많이 쓰는 전략이다. 근거를 만드는 것이 정공법이라고 할 수 없지만, 우스갯소리로 돌아가도 in서울만 하면 된다. in서울이 목적이라면 전공에 상관없는 학교를 먼저 선택하여 정시, 수시, 논술 등 전형 방법을 매칭해서 입학하고 난 다음에, 부전공으로 마음에 드는 전공을 겸하면 된다.

3 1, 2, 3을 정리해서 말하라

상사와의 대화에서 무조건 1, 2, 3으로 요점 정리를 해서 대답하는 선배가 있었다. 물론 그는 최연소 임원이 되었다. 대부분의 상사들은 거저먹는 것을 원한다.

"뭐라고? 그게 뭔 말이야? 다시 말해봐."

"넌 왜 말에 두서가 없냐? 결론은 어떻게 된 거야? 이유는 뭐고?"

"알아듣게 설명해 봐. 말인가 막걸린가?"

잘 익혀서(정리해서) 보고하지 않으면, 단번에 먹지 못하는 상사에게 이런 핀잔을 듣게 된다. 부하에게 구구절절 TMI를 듣다 보면 가뜩이나 스트레스와 잡념으로 가득 찬 머리가 더 뜨거워진다. 일이 잘 안 풀리거나 잔뜩 꼬여 있어도 상황 보고는 심플하게 해야 한다.

우선, 요점을 잘 정리해야 한다. 3단계 요약 기술을 써서 정보수집→정리→ 전달을 해야 한다. 정보수집을 할 때는 정보의 겉보다는 내면을 들여다보고, 그 의미가 진정 무엇인지를 알고자 한다면 다각적인 질문을 통해서 실체를 봐야 한다. 그리고 낱개의 키워드 정보의 섹터를 구분하고 우선순위를 정하는 것이 정보 정리이다. 마지막으로 정보를 전달할 때 1, 2, 3의 요점 정리가 필요하다. 1, 2, 3은 무엇을 어떻게 말해야 할까?

첫 번째는 '결론'을 말한다. 시간에 쫓기는 상사는 1번만 듣고도 정황을 한 번에 꿰차야 한다. "우선 결론은 A제품의 생산 차질이 10% 났습니다."라고 던져라.

두 번째는 '이유'를 말한다. 찐 계란을 다섯 개 입에 넣은 상사에게는 계란이 더 필요하지 않다. 대신 목이 뻥 뚫리는 탄산음료를 쥐여주어야 한다. "그 이유는 부품A-1이, 중국 측 화물파업으로 인해 7일 늦어졌기 때문입니다."

마지막에는 '문제의 대안'을 제시한다. 이유까지 듣고 화가 난 상사에게 해결할 방법을 말해주는 것이다. "대안은 생산 인력 20명이 조업을 중단할 수 없기에, 우선 일주일간 생산하여 제공품으로 보유하고 A-1

이 입고 후 최종 조립하는 모듈러 제조방식으로 정리하고자 합니다."

그러면 상사는 결론-이유-대안을 다 들었다. 결론과 이유는 팩트이므로 의사결정할 것이 없다. 대안을 놓고 자신의 아이디어를 더할 것이다. 단 10분 정도의 시간으로 해결되는 모습이다.

Bad

회계팀장이 손익계산서를 보다가 김 과장을 불러세웠다.

팀장: "김 과장, 이번 달 손익이 어떻게 되나? 뭐가 이렇게 복잡해?"

김 과장: "네? 손익이요? A부문은 실적 호조입니다만, B부문이 '네옴 프로젝트' 수주를 하지 못했기 때문에 10억 정도 적자입니다. 그, 그래서 금월에는 15억의 적자가 예상됩니다."

팀장: "뭐야? 김 과장, 방금 A부문은 실적이 좋다면서? B부문이 10억 적자이면 A부문에서 만회를 했을 것 아닌가? 근데 어째서 적자가 증가하나?"

김 과장: "네, 그것은 A부문의 매출은 300억, 매출원가 270억, 매출이익 30억, 판관비 20억이며, 영업이익은 10억 정도 예상했습니다. 그, 그런데, 부실채권을 정리하는 과정에서 그로 인하여 15억이 발생하여 결국 5억의 적자가 났습니다."

팀장: "뭔 말이야? 답답하네. 장 대리, 이게 뭔 소리야? A부문이 이익이 났다는 얘기야 뭐야?"

Good

궁지에 몰린 김 과장이 장 대리에게 눈짓을 보냈고, 장 대리가 와서 보고한다.

장 대리: "네, 팀장님. 첫째, 총영업이익은 -15억이고, A부문 -5억과 B부문 -10억입니다.(결론) 둘째, 그 사유는 A부문은 채권 미회수로 -15억 손실을 봤고, B부문은 Z프로젝트 100억 수주 실패에 기인합니다.(이유) 셋째, 대책으로써 금월 영업이익의 부진에 대한 사유를 사장님께 보고드리고, 차월에 각 영업소와 함께 -15억에 대한 만회 대책 미팅 주관이 필요합니다.(문제의 대안) 이상입니다."

장 대리의 1, 2, 3 보고 기법은 복잡한 사안을 정리함과 동시에, 키워드를 스타카토로 구분하여 팀장에게 정갈한 인상을 준다.

04

정보의 질이 좋아야 축약이 먹힌다

1 치인설몽(癡人說夢), 내 말에 팩트가 몇 퍼센트?

필자도 직장인이기에 정보를 토대로 보고한다. 보통 메시지의 수가 100개이면, 10개 정도의 키워드로 10분의 1 축약하여 보고한다. 양질의 보고는 쾌속성에 비례한다. 같은 의미를 두 줄로 늘어뜨린 글은 진부하고 지루하다. 스피드한 단문 보고를 위해서는 접속사와 부사를 제외하고 명사와 동사로 담백하게 구성해야 한다.

정보는 팩트가 기본인데, 실제상황을 제대로 보고하지 못하는 것에 대한 사자성어로 치인설몽(癡人說夢)이 쓰인다. 어리석은 자가 꿈 이야기를 한다는 의미로서, 현장을 직시하여 사실을 보고해야 하는 중요한 시기에, 허황된 자신의 의견으로 패배한다는 교훈이 담겨있다.

정보는 결국 팩트가 중요하다. 팩트는 세 가지의 기준으로 발췌해야 한다.

우선, 팩트는 구체적이어야 한다. 골프를 친다고 가정해보자. 비슷한 방향으로 날아간 내 공과 동료의 것을 구분하려면 골프공의 색깔, 브랜드명과 번호를 알아야 한다. 브랜드명도 타이틀리스트인지, 볼빅인지, 때에 따라서는 몇 번인지까지 명확하게 알아야 헷갈리지 않는다. 팩트는 이처럼 구체적이고 명확해야 한다. 두루뭉술하게 짐작하고 아무 공이나 치려고 하면 벌점 부여와 동시에 상대방에게 큰 결례가 된다.

둘째, 팩트는 감정이 들어가서는 안 된다. 감정적인 우뇌보다는 좌뇌를 활용해서 이성적으로 접근해야 한다. 역사적, 법적, 개념적인 사실이 팩트이다. 결코 감정에 의해서 실상이 왜곡되면 안 된다. 팩트는 올바른 판단을 하기 위한 근거이지 강요하기 위한 방편이 아니다. 내가 한 말의 고객은 결국 상대방이다. 상대가 판단을 내릴 수 있도록 제공하는 것이 팩트이다. 여운과 여백은 팩트 이외의 부분이다. 그것을 채우는 것은 내가 아니라 상대방의 몫이다.

셋째, 팩트는 보고에 필요한 것만 추려야 한다. 우왕좌왕 와이파이식으로 팩트를 날리면 핵심을 벗어날 수밖에 없다. 상대방과 나에게 모두 이익이 되어야 한다. 가령, 책을 집필할 때 독자를 위한 마음은 누가 제일 간절할까? 출판사, 편집자, 디자이너도 독자를 염두에 두지만 뭐니 뭐니 해도 제일 절실한 것은 작가다. 작가는 수십 번의 탈고를 하는 동안 수백 명의 독자가 이미 되어있는 사람이다. 그 많은 탈고 과정에서 필요 없는 군더더기가 버려진다. 초고는 쓰레기라는 헤밍웨이의 말처럼 보석들만 남고 나머지는 솎아내고 버린다. 마찬가지로, 보고는 팩트를 함축하는 과정에서, 아름답지만 불요한 단어는 휴지통에 넣어야 한다.

감사실에 제보가 들어왔다. 감사팀장이 제보자를 찾아서 질문한다.

감사실: "정 대리, 오늘 대화는 철저하게 비밀이 보장됩니다. 제보는 잘 봤어요. 시공팀 김 이사와 관련한 내용이더군요. 워낙 많은 것을 적었던데, 특히 개인의 외제 차 구입에 대한 의문점이 있군요. 흐음. 어떤 내용인지 얘기 좀 해줄래요?"

제보자: "네, 팀장님. 시공팀 김 이사님은 금번 '마타도어프로젝트'의 총책임자로 작년부터 1년간 현장PL을 역임했습니다. 금년 3월에 회사에 복귀했는데, 공교롭게 외제 차 아우디를 타고 오셨습니다. 협력업체 시공사는 C사로서 대표가 우리 회사 OB 출신이고, 김 이사님과는 동기로서 각별한 사이로 알고 있습니다. 평소 김 이사님은 C사로부터 각종 특혜를 받고 C사에 일감몰아주기를 했다는 소문이 많았습니다. 현장에 있는 동안 C사로부터 알선비를 받은 것으로 사료됩니다."

감사실: "네, 잘 알겠는데. 정 대리, 정황만 가지고는 안 되고, 팩트가 뭡니까?"

제보자: "팩트요? 팩트는 각종 소문과 외제 차 아우디 아니겠습니까?"

감사실: "이봐요, 정 대리. 소문은 정량적이지도 않고 물증도 없어요. 외제 차도 김 이사의 사적 재력이 있으면 끌고 다니든 몰고 있든 무슨 문제가 됩니까? 내가 얘기하는 것은 C사와 김 이사가 결탁했고 그로 인해 회사에 손실이 있었고, 김 이사가 부당이득을 편취했다는 객관적인 사실

이 있는지 확인해달라는 것입니다. 사진, 계약서 같은."

제보자: "그런 내용은 제가 알지 못합니다."

감사실: "그렇다면, '카더라뉴스'인 거군요. 아니면 정 대리가 김 이사에게 감정이 있던가."

우리 회사에도 이런 경우가 있지 않은가? 이런 모함에 의한 투서는 회사 내에서 자주 발생하는 일이다. 팩트를 체크하지 않은 단적인 사례이다. '카더라'는 어리석은 자의 꿈꾼 이야기라는 뜻의 치인설몽과 같다. 본인 감정이 아닌, 이성적 판단으로 진술한 팩트를 확인해야 한다.

근래에는 미국 샌프란시스코에 본사를 둔 Teamblind가 2013년에 개발한 〈블라인드〉라는 앱이 직장인들에게 인기가 있다. 블라인드는 익명의 커뮤니케이션 앱으로서 본인이 재직 중인 회사 내 직원들과 연봉, 이직 관련 비밀스러운 대화를 자유롭게 할 수 있다. 특히, 회사별 조직구성원의 80% 정도가 가입되어 있고, 리더들의 윤리 문제 등 각종 투서 글에 여과 없이 리플을 달 수 있다는 점에서 조직문화에 적지 않은 영향을 미치고 있다. 특히 MZ세대의 Open투고의 전유물로 많은 각광을 받고 있다. 당연한 얘기지만 공정한 업로딩을 염두에 두고 '카더라'가 아닌 '팩트'를 기재해야 한다. 또한 리더들은 언제 어디든 머리 위에 CCTV가 있음을 인지하고, 옷깃을 여미고 철저한 윤리 의식을 준수하는 생활이 필요한 세상이다.

② 정보의 본질을 생물로 직접 파악

정보를 깊이 들여다보면 생명력이 있다. 대부분의 정보는 시간이 흘러감에 따라 그 가치가 점점 사라진다. 정보를 들으면 즉각적인 행동을 해야 한다. 전략을 수립하고 액션플랜을 가동하여 신선한 가치를 가져와야 한다. 현지현물(現地現物). 현장에 모든 답이 있듯이, 모든 정보도 현장에 있다. 눈으로 확인해서 사실 여부와 함께 진척 상황을 알아채야 하는데, 정보를 귀로만 듣고 예상을 글로 적은 것을 우리는 소위 탁상공론이라고 한다.

사업의 예제로 탁상공론을 살펴보자. 충남 보령의 섬에 풍력단지 사업을 진행하는 A사의 예제이다. 풍력 사업에서 가장 중요한 것은 블레이드(프로펠러) 등 거대한 자재류를 이송하는 화물운송이다. 만일 섬에 다리가 있으면 도로 폭 너비를 고민하면 되지만, 다리가 없다면 배편으로 갈 수밖에 없다. 팀장이 주간 보고를 올린 강 책임을 불러서 구체적으로 질문한다.

팀장: "강 책임, 주간 업무보고에 보령 풍력단지 조성 사업이 있던데. 총 2,600억의 개발사업이네요. 투자심의를 준비한다고 적혀있는데 보령시 효자도의 물류 상황은 어떤가요?"

팀원: "(머리를 긁적거리며) 물류 현황이요? 우선, 섬이 작지 않습니다. 인구 200명 이상이 살고, 나름 황금어장이라서 주민들도 매우 부유합니다. 섬

의 곳곳에 아스팔트로 포장도 잘 되어있고요."

팀장: "(답답해하며) 내가 중시하는 것은 섬 내부의 도로뿐 아니라, 섬까지 어떻게 이동하느냐를 묻는 거예요. 육지에서 섬까지 가교가 있어요? 확인했어요? 한번 가 봤나요?"

팀원: "(구글 지도를 확대하여 보여주면서) 네, 구글로 잠깐 보겠습니다. 아? 교각이 없네요. 하지만 개발업자 심 사장은 풍력 사업을 진행하는 것은 문제가 없다고 얘기했습니다."

팀장: "(기가 차듯이) 현장에 가보지도 않고, 개발업자 얘기만 듣고 보고를 올립니까? 이런 정보를 가지고 어떻게 투자심의를 올리겠다는 거죠? 개발업자 사기꾼들이 흔히 이런 곳에 물권을 소개한다는 것 모릅니까? 향후 상황을 봅시다. 단순히 배로 물류를 해결한다고 사업이 될까요? 인허가는 검토해 봤나요? 계통은 어떤 상태죠? 그리고 시공할 때 실제로 섬에서 일할 인력들의 숙소와 식사는 어떻게 해결할 건가요? 이런 것을 감안하면 천정부지의 비용이 들 겁니다. 꼭 진행해야 한다면, 강 책임이 내일 현장에 가서 직접 점검하고 다시 올리세요."

팀장은 오랜 현장 경험을 토대로 마음속에 보령시를 다녀왔고, 현장 방문조차 안 한 강 책임은 백문에 일답도 할 수 없는 상황이 된 것이다.

3 압축 보고하는 능력 두 가지 조건

압축 보고를 하기 위해서는 두 가지의 능력이 필요하다. 첫 번째는 질문을 이해할 줄 알아야 한다. 상사의 지시사항이 무엇인지를 명확하게 알고 일을 진행해야 한다. 두 번째는 질문에 정확하게 답변할 수 있어야 한다. 상사의 지시사항에 대하여 정곡을 찔러야 한다. 결과의 방향성을 다잡아야 한다는 점에서 첫 번째가 더 중요한데, 비중으로는 80% 정도 차지한다.

상사의 지시사항이 무엇인지를 알기 위해서 가장 좋은 방법은 글로 되묻는 것이다. 근거리라면 대면질문을, 장거리라면 SNS로 물어보는 것을 추천한다. 물론 귀찮아하는 상사도 있을 수 있다. 그래도 확인해야 한다. 괜히 지름길 놔두고 돌아갈 필요는 없다. 물어보면 의외로 지시 속에 '숨겨진 의도'를 발견할 때도 있다. 상사가 가끔 "제발, 내 말만 듣지 말고, 그 뜻을 헤아려라."라는 얘기를 한 적이 있는가? 나는 제대로 일을 했다고 가져갔는데, 탐탁지 않은 상사의 얼굴을 본 적이 있는가? 그 이유는 업무는 완수했지만, 상사의 의도를 만족시키지 못했기 때문일 것이다. 일을 할 때 상사의 마음을 모두 충족해 줄 수는 없지만 심중을 파고들지 못하면 패퇴하기 십상이다.

나머지 20%는 정확하게 답변하는 것이다. 질문을 명확히 알면 알수록 답변은 쉬워진다. 때로는 상사가 힌트를 주기도 한다. 상대가 질문의 이해도가 떨어진다고 느낄 때, 상사는 시간을 낭비할 수 없다는 생각에 더 근접한 방법을 코칭해 준다. 필자는 질문을 종이에 써서 그 답변을 하나씩 꼼꼼하게 만들어보았다. 그런 후에 보고했다. 대부분의 상사는 만족했는데, 질문에 대하여 답답함이 해소된 것도 있고, 무엇보다 '정성 어림'도 확인했기 때문이다.

회사에서 상사가 질문하는 경우는 두 가지이다. 첫째, 상사가 모르는 경우. 둘째, 나에게 답을 알게 하기 위해서다. 상사가 모르는 경우에는 해답의 팩트를 전달하면 끝이다. 그러나, 상사가 멘토로서 나에게 답을 깨닫게 하려는 경우에는 팩트와 함께 내 의견도 넣어야 한다. 상사는 나에게 팩트만 요구한 것이 아니라 그 안의 숨겨진 의도를 파악했는지를 검증하려는 것이기 때문이다.

팀장이 강 차장과 박 차장을 함께 불러 고객과 컨소시엄으로 입찰에 참여하기 일주일 전에 조건부 계약을 할 것을 지시했다. 팀장은 내심 본인의 의도를 잘 이해했으면 하는 바람을 가지고 있다.

팀장: "강 차장, 이번 A입찰 말이야. 우리 단가가 너무 낮게 들어가는 느낌이야. 이번만 특수한 조건이라는 것을 언급했으면 하는데, 문서로 진행했으면 하네. 즉, 컨소시엄에 우리의 단가를 Fix하는 조건을 넣었으면 하는데, 그대 의견은 어떤가?"

강 차장: "견적서에 단가를 넣고, '단가는 본 계약에 한한다'라고 심플하게 쓰면

되지 않습니까? 컨소사가 설마 입찰 이후 배신을 할까요?"

팀장: "(코웃음을 치며) 이봐, 돈 앞에서는 어떤 변수도 살아있는 거야. 만약에 컨소사가 배신하면서, 견적 낸 것 가지고 뭘 그러냐고 너스레를 떨면? 즉 입찰에 낙찰받고 나서, 단가 재조정을 요구하면서 우리 뒤통수를 치면 어떻게 할 건가?"

강 차장: "흐음. 그렇게까지 할까요?"

팀장: "(강 차장은 내 의도를 모르는 것 같군) 이봐, 박 차장. 당신 생각은 어때?"

박 차장: "(곰곰이 생각하고) 팀장님의 의도는 고객이 입찰에 성공한 후에, 우리 견적을 더 네고하지 않도록 사전에 약속하는 것을, 말이 아닌 문서로 받아야 한다는 의미 아니겠습니까?"

팀장: "(박 차장은 내 의도를 알고 있군) 호~ 뎃츠 롸잇!"

박 차장: "그럼 두 가지 방법이 있습니다. POC(Pre Order Commitment: 사전 확약계약)를 체결하거나, 컨소사로부터 그에 준하는 정식적인 공문을 받으면 됩니다. 제가 POC 내지 공문을 받겠습니다."

연말 인사고과의 승자는 강 차장과 박 차장 중 누구일까?

05

쾌도난마(快刀亂麻) 구조화된 보고로써 상대는 결정한다

1 배경, 문제, 해결, 일정, 결정의 순

보고를 구조화하면 상사는 해석의 피로감이 현저히 줄어든다. 우리의 뇌는 반복되는 것을 즐기기 때문이다. 세계적 K-Pop 스타가 된 블랙핑크의 퍼포먼스를 구조화해 보면, 대부분 클라이맥스에서 관객이 최대한 폭발적으로 반응하도록 춤을 각색한다. 그 이유는, 시청자가 그 부분에서 이미 희열을 맛볼 준비를 만들기 위함이다. 이런 준비는 회사 내 보고에도 통용된다. 내가 할 말에 이미 상사는 고개를 끄덕일 준비가 되어 있어야 한다.

그렇다면, 어떻게 보고의 구조를 갖춰야 할까? 물 흐르듯이 유연하게 스토리가 있는 구조로 만드는 것이다. 상대방이 관객이라고 생각하고 영화를 보듯 자연스럽게 이해할 수 있도록 배경→ 문제점→ (원인) 해결 → 일정→ 의사결정의 순으로 말해야 한다.

첫째, 배경을 말한다. 단, 배경이 어수선하면 안 된다. 짧게 주제가 왜 시작했는지를 말한다.

[제조] "어제 지시한 A프로젝트의 제조 수율관리 현황을 잠시 보고드리겠습니다."

[시공] "B프로젝트의 현재 시공 일정과 문제점을 잠시 말씀드리겠습니다. 시간 괜찮으신가요?"

[인사] "잠시 시간 되시면, 교육계획 수립안에 대하여 브리핑을 드리고 싶습니다."

이런 방식으로 시작한다. 이렇듯 배경은 상사에게 나의 보고 방향을 사전에 관통(Align)시키는 화살과 같다. 배경은 스토리를 시작하는 말머리 역할을 한다.

둘째, 문제를 말한다. 대부분의 일은 플러스-마이너스, 승-패, 기회-위기 등 양면이 반복된다. 세상에 편하게 매번 성과가 나오는 사업이란 없다. 반드시 수익을 창출하는 과정에서 반대급부적인 문제점도 발생한다. 문제를 간략하게 축약해서 말한다.

[제조] "어제 제품수율은 98.5%이고, 평상시 98.7% 대비 0.2%의 차질(불량)이 발생했습니다."

[시공] "B프로젝트가 일정상 금월에 준공인데, 지체 일수가 5일 발생됩니다."

[인사] "교육계획상 학점이수제는 교육 개체수가 너무 많고 중복된다는 문제가 있습니다."

문제는 팩트를 가감 없이 언급하되, 문제를 말하고 나서 뜸을 들여라. 즉, 문제와 해결 사이에 대화 간극을 주어야 한다. 문제와 더불어 성급하게 해결을 말하면, 상사가 별문제가 아니라는 인식과 함께, 문제 자체를 잘 이해하지 못하고 넘어갈 수 있다.

셋째, 원인(해결)을 적출한다. 문제에는 항상 발생 원인이 있다. 그 발생 원인을 알아야 근본적인 해결을 찾게 된다. 즉문즉답, 문제는 즉시 답을 찾아야 하고, 현지현물, 현장의 문제는 그곳에 답이 있다.

[제조] "0.2%의 불량 원인은, D설비 Grip부분 고장 때문이며, 현재 설비 수리를 진행 중입니다."

[시공] "일정이 5일 지체된 원인은, F구간의 안전사고 때문이며, 현재 사고 수습을 처리 중입니다."

[인사] "교육 개체수의 파악을 위해, 직무별로 교육을 30개로 분류하여 명료화하고 있습니다."

발생 원인을 찾기 위해서는 3Why(세 번의 연속된 심층질문)의 방법을 권한다. 원인의 근본을 끝까지 찾아내어 개선해 놓아야 향상된 해결을 얻는다.

넷째, 계획을 수립한다. 해결 방안에 대하여 대략적인 일정을 보고한다. 상사에게 시간은 소중한 유한자원이다. 상사에게 이정표

(Milestone)를 세워줌으로써 상상했던 진척도가 가시화된다.

[제조] "금월 수율은 연장근무를 통해 평균으로 회복함으로써, 월 98%로 마감하겠습니다."

[시공] "차월 5일에 준공 예정입니다. 지체상금은 발생 없도록 고객께 OK를 받겠습니다."

[인사] "전체 교육계획안 완료는 15일이며, 19일에 임원보고 후 프로젝트를 종료하겠습니다."

세부적인 계획이 아니어도 된다. 상사가 궁금한 것은 종료되는 시점이다.

다섯째, 의사결정을 요청한다. 그냥 보고만 하면 상사는 할 일이 없다. 결론의 도출을 위해 의사결정을 질문한다. 의사결정을 위해서는 명분과 실리(비용 절감 내지 편익)에 대한 내용도 언급해야 한다.

[제조] "결론적으로 AS 100만 원과 연장근로 3일이 소요되는데, 팀장님 생각은 어떠신지요?"

[시공] "2,000만 원의 지체상금이 없도록 마무리하고자 하는데, 팀장님 의견을 말씀해 주십시오."

[인사] "직무교육 30개 정도의 체계 수립과 그 일정의 방향성을 팀장께서 조언해 주십시오."

회사 업무는 보고서에 상사의 사인을 받아야 끝이 난다. 그렇지만 말로써 사전 보고와 승인을 받으면, 순차적으로 보고서는 일사천리 승인을 득할 수 있다. 상사의 뇌는 이미 사전 담화가 각인되어, 심중 결재가 종료되었기 때문이다. 말을 기획하여 구조화하는 것이 필요한 이유이다.

2 단순하게 두 개의 안건만 제시한다

만일 여러분이 상사의 의사결정을 받고자 한다면 몇 가지의 안건을 준비해야 할까? 프로젝트에 따라서 다양하고 색다른 버전의 안건이 존재하겠지만, 알다시피 상사는 복잡한 것을 싫어한다. 필자는 딱 두 개의 안건만 제시할 것을 권유한다. 홀수-짝수, 앞면-뒷면, 흑-백 등 둘 중 하나는 우리를 승률 50%의 세계로 이끈다. 반면, 저그-플토-테란, 가위-바위-보, 로또 번호 6자리 선택 등 다선택 Tool의 게임은 재미와 별개로 복잡해서 결정이 늦을 수밖에 없다. 직장생활은 판단의 연속이고, 결정을 신속히 받는 자가 승리하는 구조이다. 결정과 스피드는 동질감이 있다는 전제하에 둘 중 하나의 선택지를 제시해 보자.

영업팀장이 팀원에게 SNS로 견적 작성을 지시하는 경우의 대화 예제이다.

Bad

복잡한 대안을 놓고 상대(팀원, 고객)는 무슨 말인지 알겠는가?

팀원: "팀장님. 고객사 견적을 어떻게 할까요? 제품, 납품, 단가, 금액

등을 정리해서 올릴까요?"

팀장: "응, 그래. B제품보다는 A가 낫겠지? A제품에 대하여 견적을 준비해. 제출은 구매 노상식 이사에게 해주고. 제품 콘셉트를 무엇으로 하지? A370-6번 제품과 A370-7번 제품 두 가지 정도로 하고, 단가는 어떻게 할까? 소프트웨어 버전1로 두 개, 버전2로 두 개 해주고. 소프트웨어 버전1 기준으로 납품이 7월이면 단가는 5억, 8월이면 비수기니까 5% DC 해주고, 여신은 계약금 20%, 중도금 50%, 잔금 30%가 좋을까? 아니면 10%, 40%, 50%가 나을까? 어때 간단하지? 그리고, 소프트웨어 버전2 기준으로는… 블라블라(중략) 간단하잖아. 아무튼 내가 얘기한 대로 심플하게 정리해 봐."

팀원: "(@.@ 뭐지? 왠캐 복잡해. 고객이 싫어하겠는데?) 네, 알겠습니다."

Good

영업팀장이 일을 시킬 줄 아는 사람이라면 아래와 같이 얘기할 것이다.

팀원: "팀장님, 고객사 견적을 어떻게 할까요? 제품, 납품, 단가, 금액 등을 정리해서 올릴까요?"

팀장: "복잡하게 견적해봐야 고객만 스트레스지. A제품에 대하여 최신 제품 A370-7번으로 단가도 최신 버전2로 하고, 납품은 7월 기준 단가 5억으로 하되 8월에는 DC 가능이라고 하고, 계약금-

중도금-잔금은 30%, 60%, 10%로 우리가 유리한 쪽으로 우선 던져. 네고가 들어오면 다시 상의하자고. OK?"

팀원: "(고객이 결정하기 쉽겠군. 팀장 말대로만 하면 되겠네) 넵, 알겠습니다."

Better

더 유능한 팀장의 경우, 아래와 같은 단톡으로 상호 실수를 현격히 방지한다.

팀원: "팀장님, 고객사 견적을 어떻게 할까요? 제품, 납품, 단가, 금액 등을 정리해서 올릴까요?"

팀장: "1. 제품: A370-7(S/W 최신 버전2)

2. 단가: 5억(7월 납품 기준/ 단, 8월 협의 가능)

3. 여신: 계약 30%(계약 후 5일 이내), 중도금 60%(제품 검수), 잔금 10%(출고 전)

내 의견은 이 정도. 그대의 의견은?"

팀원: "제 의견은, 원자재를 구매해야 하니까 계약금을 40% 선으로 제안하겠습니다."

팀장: "OK! 오늘 중으로 송부해."

고객의 입장에서는 여러 가지 대안을 가져오는 것보다, 전문가(공급자)가 안건을 정리해서 힘있게 설명하는 것을 더 선호한다. 복잡한 대안은 결국 복잡한 결과를 낳는다. 여기서 팀장이 일방적인 지시만 하는 Good보다는 Better의 케이스처럼 팀원의 의견을 수렴할 것을 권한다. 팀원의 생각이 기준이 되어야 적극적으로 대응하게 되고, 뜻밖의 아이디어도 플러스할 수 있다.

3 내 견해와 스탠스를 명확히 언급한다

아사다 스구루의 저서《한 줄 정리의 힘》에서는 간단하게 설명할 수 있는 질문에 대하여 다음과 같이 답한다. "나는 늘 혹시 누군가가 물어보면 설명할 수 있도록 사물을 이해한다네." 즉 이해란 남에게 설명할 수 있는 상태에 이른 것을 의미한다. 견해도 마찬가지이다. 나의 견해와 스탠스를 명확하게 상사에게 얘기할 수 있어야 한다. 남에게 전해들은 이야기는 정보에 불과하다. 상사는 내가 그 정보를 통째로 삼키고 해석해서 나온 통찰을 중시한다. 시간이 없는 상사는 그 통찰로 결정해야 하기 때문이다.

별도로 내 견해도 묻는 이유는 그 해당 과제만큼은 내가 전문성을 갖추고 있다고 생각해서이다. 두 개의 안건에 대하여 내 결정을 완료한 상태에서 상사에게 의사결정을 요청해야 한다. 내가 "글쎄요?" 하면 상사는 두 가지 안건 모두 '글쎄…'라고 생각한다. 만일 상사와 스탠스가 다르다면, 명확하게 내 의도를 설명하라. 설명하는 과정에서 다소 불편함이 있을 수 있다. 그러나 상사는 모호한 답변보다는 상호 설전의 과정에서 더 신뢰감을 갖게 된다. 그럼으로써 내가 얼마나 고민했는가를 확인해 볼 수 있다. 이런 문답의 과정에서 소통이 이루어지는 것이다. 세상의 모든 우수한 결정은 반대의 치열함 속에서 얻어진 것이라는 것을 잊어서는 안 된다.

인사팀장이 직원 승진 심사 자료를 들고 사장실에 들어갔다.

Bad

인사팀장 자신이 의견을 준비하지 못하고 들어간 경우이다.

사장: "(보고서를 건네받으며) 오, 인사팀장 어서 와. 승진 심사 자료군 그래. 어디 봅시다. 으흠, 그래 총 27명이 진급할 예정이구먼. 대리 13명, 과장 10명, 차장 4명. 근데 비고란에 특이사항은 뭔가?"

팀장: "영업본부에서 김 과장과 정 과장에 대하여 차장 진급을 요청했습니다. 하지만 두 사람은 승급 관련 요건을 충족하지 못했습니다. 김 과장은 어학 시험 미제출, 정 과장은 봉사 점수 미달입니다."

사장: "인사 기준을 준수해야지. 그런 경우 진급 심사 자체에서 제외되는 것 아닌가?"

팀장: "그렇습니다. 기준대로 제외할까요?"

사장: "으흠. 그런데, 왜 본부장은 그들을 진급시키자고 하는가?"

팀장: "그들 영업실적이 1, 2위입니다. 영업활동하느라 어학과 봉사활동을 못 했기 때문입니다."

사장: "(난감한데? 영업 잘한 놈을 배제하기도 그렇고) 인사팀장 자네 생각은 어때?"

팀장: "(헛! 그걸 왜 나한테 묻지?) 네? 저는 인사 원칙대로 해야 하는데, 사실 실적 우수자의 진급 누락으로 자칫 퇴직할까 우려되기도 합니다."

사장: "(뭐 하자는 거지?) 그래서, 어떻게 했으면 좋겠다는 거야?"

팀장: "(위축되며) 네, 사장님. 그걸 사장님께 여쭤보고 의사결정을 받고자 합니다. 제 의견은 없습니다."

사장: "이봐, 자네는 인사팀장이야. 명확한 자네의 스탠스가 무엇인지를 묻는 거야. 인사 원칙을 지키면서도 실적 우수자를 배려할 수 있는 방안은 없는가 묻는 걸세."

팀장: "(@.@ 사장과 본부장 사이에서 나만 죽는군) 네, 숙고 후 다시 올리겠습니다."

사장: "인사가 만사 아닌가? 그래서 내가 자네에게 직책을 수여한 거야. 앞으로는 자네의 결론을 가져와서 나에게 보고하게."

이렇듯, 팀장의 스탠스가 없는 경우에는 사장도 의사결정에 확신이 안 선다. 오히려 충분한 검토를 안 하고 결재를 올렸다고 생각하게 된다.

Good

자신의 스탠스가 명확한 인사팀장의 경우이다.

사장: "(보고서를 건네받으며) 오, 인사팀장 어서 와. 승진 심사 자료군 그래. 어디 봅시다. 으흠, 그래 총 27명이 진급할 예정이구먼. 대리 13명, 과장 10명, 차장 4명. 근데 비고란에 특이사항은 뭔가?"

팀장: "영업본부에서 김 과장과 정 과장에 대하여 차장 진급을 요청했습니다. 하지만 두 사람은 승급 관련 요건을 충족하지 못했습니다. 김 과장은 어학 시험 미제출, 정 과장은 봉사 점수 미달입니다."

사장: "인사 기준을 준수해야지. 그런 경우 진급 심사 자체에서 제외되는 것 아닌가?"

팀장: "그렇습니다. 기준대로 제외할까요?"

사장: "으흠. 그런데, 왜 본부장은 그들을 진급시키자고 하는가?"

팀장: "그들 영업실적이 1, 2위입니다. 영업활동하느라 어학과 봉사활동을 못 했기 때문입니다."

사장: "(난감한데? 영업 잘한 놈을 배제하기도 그렇고) 인사팀장 자네 생각은 어때?"

팀장: "네, 저는 인사 원칙을 준수하면서 실적 우수자도 배려했으면 합니다. 우선, 두 과장은 이번 달 내로 어학 시험 제출 및 봉사 점수 취득하는 조건으로 진급을 시키고, 만일 조건 미달 시 강등시키는 조건부 진급을 말씀드립니다."

사장: "(오, 그런 방법이 있었네) 절묘한데? 인사 원칙 내에서 실적 우수자

는 기회를 한 번씩 주자는 얘기군. 원칙이 성과를 케어하는 구조. 그래, 그렇게 조건부로 진행해. 단, 두 사람이 미제출과 미취득으로 강등되는 경우에는 상위 관리자로서의 책임도 달게 받겠다는 본부장의 확약서까지 수령해 놔. 사장의 명이라고 얘기하고."

팀장의 스탠스가 명확하면 사장도 안심이 된다. 추가로 본부장에게 직원 관리를 강화하는 아이디어까지 지시할 수 있다. 팀장의 스탠스가 조직 안정화와 선순환을 이끄는 것이다.

2장

간략하게, 보고하다

06

수적천석(水滴穿石) 요약을 잘해야 살아남는 시대

1 끌리는 사람의 말에는 목적이 있다

사람들을 자석처럼 이끄는 사람의 비결은 무엇일까? 그 비결은 외모(행동) 아니면 말이다. 솔로 기간이 자기 나이와 같은 모솔(모태솔로)이 출연하는 연예프로그램을 보면, 안된 얘기지만 모솔의 대부분은 공통점이 있다. 상대방을 현혹할 만한 언변이 부족하다. 상대를 속이라는 것이 아니다. 생존과 번식은 유혹이 없이는 지속될 수 없다. 탁월한 영업자는 끌림을 자유자재로 구사한다. 유혹을 끌림으로 이용하는 것이다. 이처럼 흡인력이 강한 사람의 말에는 목적이 있다. 수적천석(水滴穿石)이라는 사자성어는 작은 물방울이 같은 곳에 떨어져서 바위에 구멍을 낸다는 의미이다. 목적의 명확화는 결국 성과를 이루어낸다.

필자는 일주일에 600km의 주행을 할 정도로 지방 출장이 잦다. 이때 내비게이션은 유용한 장치다. 목적지를 선명하게 타깃해서, 내 운송자원을 절약해주기 때문이다. 목적이 없는 영업은 없다. 중요한 영업은 고객사의 승인을 얻기 위해 온종일 기다려야 하는 일이 부지기수인데, 목적지에 가야만 기회를 얻을 수 있다. 나는 고객으로부터 주어지는 짧은 시간에 나눌 대화를 연습하면서 운전하곤 한다.

“가장 최적의 방법은 A를 추천드립니다. 그 이유는 납기를 맞출 수 있기 때문입니다. 지금은 시간이 돈입니다.”

“B를 계속 고집하시면 고객께도 손해이고 저희도 곤란합니다. C 정도로 정리하는 것을 추천합니다.”

좀 우습지만 실제상황처럼 말하면서 연습한다. 이런 방식의 문답 시뮬레이션은 고객을 만난 순간에 빛을 발한다. 웃으며 다가간 고객에게 던지는 한마디는 그의 관심을 끌면서, 나와 좀 더 대화하도록 붙잡아 둘 정도의 파급력이 있다. 수주를 하기 위한 목적이 명확하고, 차 안에서 충분한 연습을 했기 때문이다.

말을 잘하는 것은 타고나야 한다지만, 기관총 쏘듯 뱉어낸 말로는 상대를 현혹시킬 수 없다. 내 말 속에 상대에게 유리한 이득이 있어야 한다. 그것이 어렵다면 사전에 머릿속으로 보고서 한 장을 쓰듯 생각을 정리해야 한다. 대화에 관심을 두게 하려면, 우선 임팩트 있는 말을 상대방에게 꽂아 넣어야 한다. 상대가 친한 경우에는 선문답을 서두에 사용한다. 근래 포상과 함께 부상으로 금을 받았다고 하면, “한국은 금이 남아도나 봅니다."라는 식의 유머로 상대를 웃게 만든다. 그런 다음 분위기가 무르익었을 즈음 "이번 건도 제가 잘해드릴 테니 우리 제품으로 써주시죠."라고 말 한마디를 던진다. 그러면 상대가 "어떻게 잘해 줄 건데요?"라고 묻는데, 이것은 끌림이 통했기 때문이다.

상사에게 결재를 받을 때도 마찬가지이다. "팀장님, 제가 요즘 부동산에 관심이 많은데, 판교에 집을 보유하신 팀장님 의견을 듣고 싶습니다."라고 운을 떼면, 팀장은 관심을 가지면서 "그래? 어디에 집을 사려고? 아니면 청약하나?"라고 묻는다. 그때 결재판을 들이밀면서 말한다. "그에 앞서, 회사 오피스텔 공실 정리 안건입니다. 이것만 먼저 방향성을 검토해 주시면 안 될까요?" 그러면 시간에 쫓기는 팀장도 웃으면서 기안을 눈여겨본다. 내 말에 상사가 웃으면 관심이 쏠린 것이다. 웃음도 채권이다. 즐거운 마음은 빚이 되어 이내 호의로 진화한다.

2 핵심만 전달하는 3단계 요약 기술

필자는 네이버의 나와의 밴드를 많이 사용한다. 네이버의 밴드를 나하고만 쓰는 것이다. 정보를 이곳에 섹터별로 모아 놓는다. 영업, 부동산, 주식, 자산관리, 책 쓰기, 맛집 정보, 엔터테인먼트 등의 방을 만들어 놓고 각종 정보를 수집한다. 유튜브나 카톡에서 본 유용한 정보, 관련 사진, 서류, 문서, 데이터도 밴드에 집결시킨다. 이렇게 섹터별로 모은 DB를 휴일에 정리한다. 그중에 필요한 것과 불요한 것을 소트(Sort) 하여 분배한다. 불요한 것도 혹시 모르므로 휴지통 밴드에 넣어버린다. 예를 들어, '엔터테인먼트' 방에는 18번 노래 목록과 시작 구절, 독특한 건배사를 넣어놓고, 기회 있을 때 회식 자리에서 사용한다. 갑자기 시키는 건배사는 외울 수도 없고, 외울 필요도 없다.

핵심을 전달하는 기술 3단계는 야마구치 다쿠로의 저서 《횡설수설하지 않고 핵심만 말하는 법》에 잘 나와 있다.

[1단계] 양질의 정보를 모은다.

[2단계] 정보를 그룹으로 나눈다.

[3단계] 상대방에게 간결하게 전달한다.

이 3단계를 활용하는 것은, 나와의 밴드에 엔터테인먼트 방을 만들고, 건배사에 대한 정보를 모으고, 건배사를 희로애락의 섹터별로 그룹을 나눈 다음, 기회가 생길 때 참조하여 건배사를 외치는 것과 같다.

[1단계] 양질의 정보수집: 건배사를 종류에 상관없이 우선 모은다.

[2단계] 정보의 그룹핑: 희로애락으로 섹터를 나누고 그룹핑한다.

[3단계] 간결하게 전달: 건배의 의미를 설명하고 건배사를 외친다.

고객과의 미팅 후 석식 자리에서 본부장이 갑자기 나에게 건배사를 하사한다. 핸드폰에 저장해둔 내용을 순간적으로 스캔한 다음 선창한다. 단, 건배사를 너무 여유롭게 진행하면, 지속적인 앙코르를 받는 단점도 있다.

3 표정과 행동까지 요약해야 정확하다. 비언어 정보의 활용

필자는 영업하면서 고객을 유심히 살핀다. 고객의 말뿐만 아니라 표정과 행동도 민감한 뉘앙스가 있기 때문이다. 특히, 아직 미수금이 있는 고객사를 방문하는 경우에는 사무실의 분위기를 섬세하게 본다. 사무실의 분위기에서도 이상징후를 캐치하는 경우가 많다. 은연중 직원의 전화에 신경질이 섞여 있거나, 직원 수가 갑자기 감소하면 문제가 심각하다고 판단하여 채권추심을 강화한다. 악의로 의심하는 것이 아니라, 선의로 사전 관리를 하는 것이다.

고객과의 회의록을 작성할 때는 크리티컬한 문장은 요점 정리식이 아닌 문답식으로 한다. 요점만 정리하면 누가 어떻게 얘기했는지, 무슨 합의를 한 것인지가 불분명하다. 문답식으로 작성해야, 상호 간의 주장과 대립, 협의한 내용이 담긴다. 또한 향후 혹시 모를 법적 공방에 대비하여 유리함을 가져갈 수도 있다. 문답식으로 작성하면 누가 무슨 말을 했는지가 명확해지고, 말에 숨겨진 뉘앙스까지도 회의록에 박제된다. 요점 정리로는 절대 이런 미묘한 감정을 표현할 수 없다.

이렇게 언어 이외의 정보를 비언어 정보라고 한다. 표정, 행동, 뉘앙스의 비언어 정보까지도 잘 선별해 전달해야 한다. 요즘에는 카톡에 요약해서 보고를 많이 하는데, 비언어 정보까지도 보고해야 한다. 1,000만 이상의 관객이 본 영화 〈아바타1, 2〉에 나오는 '교감'은 단순한 것이 아니다. 언어와 비언어를 모두 아우르는 적극적인 교감이 필요한 시대이다. 비언어를 보고함으로써 상사는 현실감과 함께 상대측의 뉘앙스를 알게 된다. 즉 교감이 생기는 것이다. 보편적으로 비언어 정보는 남성보다는 여성이 더 잘 캐치하여 상대방의 섬세한 감정까지 놓치지 않는다. 앞으로 닥칠지도 모르는 리스크를 비언어 정보로 사전에 감지할 수 있다.

요즘 새로운 정보는 곧바로 필요한 사람에게 넘겨주어야 정보로서 가치가 있다. 그 시간을 잠시 지체하면, 고객은 동일한 정보를 제3자로부터 전달받는다. 고객에게 송부한 정보는 NDA(비밀유지계약)를 체결하지 않는 이상, 이미 보안이 해지되었다고 봐야 한다. 공유가 일반적이기 때문인데, SNS(카톡, 텔레그램, 잔디 등)에서 웬만한 용량의 정보는 즉시 송수신이 가능하다. 이런 정보의 빗장이 풀려버린 홍수 시대에 정작 유익한 것은 무엇일까? 바로 비언어 정보이다. 비언어 정보는 정보를 공유하기 상당히 어렵다. 보안이 유지되어야 할 정보는 SNS가 아닌 말로 하는데, 그 속에는 비언어 정보가 들어있고, 가끔 사업의 성패를 결정짓는 단초의 역할을 하기도 한다. 비언어 정보를 요약해서 조직에 정보를 주는 것이 중요해졌다.

다음은 건설 시공 현장의 예제이다. 상반기 결산을 앞둔 6월에 영업담당자는 자재류를 반드시 출고하여 실적을 얻고자 고객을 찾아갔다. 하지만, 고객 입장에서는 곧 다가올 장마철에 시공을 못 하는 상황에서 미리 자재를 받을 이유가 없기에 영업담당자의 말에 귀 기울이지 않는다.

Bad

영업담당자가 고객과 대화하면서 결론 위주로 간단하게 작성하여 팀장에게 보낸 카톡의 내용이다.

1. 일시: 2023. 6. 21. (수) 14시
2. 장소: 본리스 현장 1-1 회의실
3. 이하 주요 회의 내용(간단한 결론만 작성)
   1) 자재류 출고를 6월 29일 권유했으나, 고객은 장마로 적재할 곳이 없음을 시사함
   2) 현장에 6월 29일 출고 및 야적을 하기로 결론을 냄. 끝.

그런데, 고객은 6월 29일 출고를 승인하지 않았다. 영업담당자는 팀장에게 혼쭐이 났다. 팀장은 고객이 제품을 안 받는 이유를 영업담당자에게 추궁한다. 고객은 왜 약속을 지키지 않았을까? 고객의 스타일에 따라 대화는 긍정적일 수 있으나, 비언어적 정보는 이미 거절했던 것이다.

Good

다음은, 영업담당자가 고객과 언어와 비언어 정보도 함께 작성한 회의록이다.

1. 일시: 2023. 6. 21. (수) 14시
2. 장소: 본리스 현장 1-1 회의실
3. 이하 주요 회의 내용(구어체+비언어 정보 수록)

담당: "고객님, 6월 29일에 자재류를 출고했으면 합니다. 사전 양해를 구하고자 합니다."

고객: "네, 상황은 알겠는데, 장마철에 시공은 못 하면서 자재만 미리 받으란 얘기인가요?"

담당: "고객님, 자재류는 방수 패킹하니까 야적해 놓아도 걱정 안 하셔도 됩니다."

고객: "(핸드폰으로 기상청 날씨를 확인하며) 그래요? 상황을 한번 봅시다."(비언어 정보 기재)

영업담당자의 회의록을 본 팀장은 찜찜한 느낌이 들었다. 혹시 모를 미출고를 대비하여 영업담당자에게 Plan B 대안을 주문하여, 다른 프로젝트에 제품을 미리 납품할 것을 지시한다.

07

명재경각(命在頃刻) 죽기 전 1분 내 유언해야 한다면

1 모호함은 펼쳐도 모호하다

모호함은 펼치면 곱셈처럼 배수로 증대된다. 모호함의 제곱이 되면서, 의문은 네 배로 증폭한다. 만일, 죽음이 경각에 달린 1,000억대 자산가인 내가, 죽기 전에 힘이 없어서 유언을 모호하게 우물거린다면 결국 자식들의 재산 분쟁을 일으키는 결과를 초래한다. 목숨이 경각에 달린 명재경각(命在頃刻)의 상황 이전에 미리 변호사에게 법적인 유언장을 작성해 놓아야 한다. 유언장에도 모호함이 있어서는 안 된다. 누구에게 얼마를 상속할 것인지 반드시 숫자로 명기해야 한다.

Bad

영업본부에서 내년도 사업계획서를 작성했고, 최 팀장이 발표한다. 〈전략 1, 2, 3〉을 듣고 상사인 실장이 분위기 싸하게 질문한다.

〈전략1〉 신규 우량 대리점 추가 발굴

실장: "최 팀장, 신규 우량 대리점을 어떻게 선별할 건가요?"

팀장: "네, 현재 대비 추가로 발굴해낸다는 의미입니다."

실장: "구체적으로, 어떤 기준으로 선별한다는 것입니까?"

팀장: "그, 그건 추가로 확인 후 보고드리겠습니다."

〈전략2〉 지역 거점 고객사 집중 발굴

실장: "최 팀장, 지역 거점 고객사는 어떻게 발굴할 건가요?"

팀장: "네, 지역의 고객사를 찾아가면서 발굴하고자 합니다."

실장: "구체적으로, 어떤 지역의 고객사를 찾아갈 것입니까?"

팀장: "그, 그건 추가로 확인 후 보고드리겠습니다."

〈전략3〉 고객 맞춤형 컨설팅

실장: "최 팀장, 고객 맞춤형 컨설팅이 대체 뭔가요?"

팀장: "네, 고객에게 맞춘 다양한 컨설팅을 의미합니다."

실장: "구체적으로, 어떤 컨설팅인지 내용을 볼 수 있을까요?"

팀장: "그, 그건 추가로 확인 후 보고드리겠습니다."

실장은 분명 '내가 점심에 고구마를 잘못 먹은 것일까?'라는 심정일 것이다. 모호함을 제거하려면 우선 분명한 목표와 숫자가 정량화되어야 한다.

Good

다음 날 최 팀장은 전략에 정량화를 넣어서 다시 발표했다.

〈전략1〉 신규 우량 대리점 추가 발굴
〈변경1〉 연 300억 이상 신규 우량 대리점 10개소 추가 발굴
〈전략2〉 지역 거점 고객사 집중 발굴
〈변경2〉 전남 3지역(광주, 목포, 영암) 1,000억 매출 30개사 집중 발굴
〈전략3〉 고객 맞춤형 컨설팅
〈변경3〉 고객 맞춤형(ESG 경영분야/성진그룹 등 대기업 10개사) 컨설팅

머리가 지끈거리던 실장은 추가질문 없이 이렇게 말한다. "좋아! 그렇지, 이제야 제대로 된 전략이 나왔군." 정량화가 사이다인 셈이다.

2 인싸로 가는 만능 스피치, '배경+결론 우선형'

프레젠테이션, 상담, 보고에 모두 활용할 수 있는 대화 형식을 소개한다. '배경+결론 우선형'이다. 국내 전기자동차 업체에서는 기획팀 강 차장과 박 차장을 미국 라스베이거스에서 열린 CES 2023 전시회에 견학을 보냈고, 그들이 다녀와서 브리핑하는 장면이다.

Bad

먼저 강 차장이 자기중심적인 내용을 전달한다.

강 차장('자기중심적' 내용 전달)

"미래에는 자율주행, 전기차, 차량용 소프트웨어를 중심으로 한 모빌리티 관련 신기술이 주도할 것으로 보이며, H사는 참석하지 않았습니다. 또한, 금번 전시회의 핵심인 완전자율배송의 부상은 코로나로 인해 주춤한 상황입니다. 모빌리티 부문의 전시는 전년 대비 25% 확대된 공간에서 300개사의 모빌리티 업체들이 참가했습니다. 그리고 또한 미래에는 모빌리티가 자동차, 대중교통, 킥보드, 항공까지 포괄하는 개념으로 성장하여 SW/HW가 주목받았습니다."(뒤죽박죽, 머릿속 생각을 그대로 전달)

강 차장은 본인이 하고 싶은 이야기 위주로 설명했다. 이야기의 핵심을 모르는 상태이기에 상사는 일갈한다. "자네, 난 무슨 말인지 도통 모르겠어. 좀 알아듣게 설명해 봐."

Good

박 차장은 배경, 결론, 의견 등을 순차적으로 보고한다.

박 차장('배경+결론 우선형' 내용 전달)

"금번 모빌리티 전시회는 자동차뿐만 아니라, 대중교통, 킥보드, 항공까지 포괄하는 개념으로 성장하여 SW/HW를 모두 볼 수 있었습니다. (배경)

미래에는 자율주행, 전기차, 차량용 소프트웨어를 중심으로 한 모빌리티 관련 신기술이 주도할 것으로 보입니다. (결론)
제 생각에는 이동 수단을 넘어 '집'과 유사한 공간으로 진화될 것으로 예상되므로, 당사의 S/W를 더욱 버전 업(up) 해야 한다고 생각합니다. (의견)
기타로, 완전자율배송은 코로나로 주춤했고, 전통차인 H사는 참석하지 않았습니다.

박 차장은 서두에 배경을 먼저 설명했다. 상사의 전두엽은 다른 복잡한 프로젝트들 속에서 '아, 박 차장이 CES 전시회를 다녀와서 설명하려는군' 하고 전시회 프로젝트에 몰입하기 시작한다. 전시회장 설명에 몰입하며 분주해질 준비를 하는데, 뜻밖에 명쾌한 결론을 듣는다. 곧바로 상사의 머릿속이 개운해진다. 그리고 박 차장은 출장 다녀온 것에 대한 값어치를 나타낸 말, 즉 당사에 S/W 버전 업이라는 아이디어를 제공하면서 입증해낸다. 상사는 기분이 좋아진다.
박 차장은 그냥 말로만 보고하지는 않았을 것이다. 한 장의 요약보고서를 작성하고, 촌철살인의 말도 준비한 것이다. 우선 글로 한번 정리한 것을 말로 축약하면 더는 토를 달 것이 없어진다. 이후 궁금한 것은 보고서를 펼치면 되기 때문이다.

팀장이 중요한 거래처 고객과 저녁 식사를 하기로 약속했다. 고객이 팀장에게 카톡으로 문자를 보낸다. "오늘 뭘 드실까요? 석식 장소를 정해서 저에게 톡 주세요." 흔히 있는 일이다. 팀장은 강 차장에게 함께 가자고 얘기하면서 장소를 알아볼 것을 지시했다.

Bad

강 차장으로부터 자기중심적인 카톡 답장이 왔다.

강 차장('자기중심적' 내용 전달)
"팀장님, 비가 오니까 저는 회보다는 고깃집이 더 나을 것으로 보입니다. 소고기는 '소원성취'가 최곱니다. 어떠신가요? 소고기가 진리 아니겠습니까? 간만에 육즙팡팡 한우도 먹고요. 고객의 마음도 마블링과 함께 녹아내릴 것입니다."(머릿속에 떠오르는 대로 내용 전달)

마음에 들지 않은 팀장은 "강 차장, 자네가 소고기를 먹고 싶다는 것으로 들리네." 하며 박 차장에게 다시 지시한다.

Good

박 차장은 다음과 같이 답변한다.

박 차장('배경+결론 우선형' 내용 전달)
"팀장님, 금번 만찬은 상당히 중요하므로, 고객이 원하는 곳으로 선택하게 하는 것이 어떨까요?(배경) 그래서 메뉴를 간단히 육-해-공으로 나누었습니다.(결론)

> 육은 '소원성취(고깃집/강남역 3번 출구)', 해는 '바다가 좋아(횟집/사당 빌딩 3층)', 공은 '베이징덕(오리요리/역삼동 234번지)'. 각각 URL 좌표를 업로드하여 첨부했습니다. 결정해 주시면 예약해 놓겠습니다."
>
> 팀장은 이 내용을 고객에게 전달하면서, 흡족한 마음으로 박 차장을 식사 장소에 참석시킬 것이다.

직장에도 영화처럼 '착한 놈, 나쁜 놈, 이상한 놈'이 있다. 착하고 나쁜 사람은 옥석이 가려지므로 별문제가 안 된다. 그러나 이상한 사람이 문제이다. 이상하다는 것은 마치 소개팅 자리에서 상대방의 어색한 칭찬을 듣는 것과 같다. "착하게 보여요." "공부는 잘하셨죠?" "성격이 온화하세요." "부모님이 좋아하실 것 같은 인상이에요." 이 말을 통역하면 "넌 내 스타일이 아니야!"로서, 한마디로 마음에 들지 않는다는 것이다. 강 차장처럼 자기중심적으로 말하는 이상한 사람은 예측이 안 되므로 직장 내 아싸(아웃사이더)가 될 확률이 높다. 보고할 때 배경 이후에 결론부터 말하는 박 차장은 스토리가 유연하므로 인싸(인사이더)에 가까워진다.

3 개조식, 범주화, 우선순위로

요즘에는 SNS 문자 보고도 말과 다름없다. 보고의 고객은 누구일까? 직장 상사이다. 상사는 간단 명료한 것을 선호한다. 특히 대한민국의 리더는 하나같이 성질이 매우 급하다. 모든 일을 함축적으로 받길 원하기에 보고도 토막 쳐서 단번에 이해할 수 있어야 한다. 그래서 보고는 중요한 요점과 단어를 나열하는 방식인 개조식으로 해야 한다.

Bad

팀장이 팀원에게 오늘 주요 업무보고를 하라고 지시했다. 먼저, 일반적인 SNS 보고를 하는 경우를 보자.

① 일반적인 서술식 보고
팀장님, 금일(10/9, 월) 업무보고를 드립니다. B업체에서 강 과장이 우리 회사에 10시에 다녀갔습니다. A사업을 진행함에 있어 입찰컨소시엄을 함께 하자는 것과 PF를 협의했습니다. 10월 10일 12시에는 일본 기시다상이 오기에 한식당 K로 예약했습니다. 그리고, 지시하신 건으로 오전 9시에 C업체의 박 차장에게 MOU 초안을 이메일로 송부했습니다. 10월 11일에 양사 간 MOU를 체결할 예정입니다. 관공서에서 10월 12일에 우리 전주공장을 방문하는 내용을 정리해서 17시에 품의를 올렸습니다. ERP 결재를 해 주십시오. 14시에는 D사와 Z플랫폼 관련 소프트웨어 미팅을 진행했습니다. 최종보고회를 10월 13일에 진행하기로 했습니다. 이상입니다.

Less

일반적인 서술식 보고는 뒤죽박죽된 내용이라서 정신이 없다. 앞에 번호를 붙여서 요점을 정리하는 개조식을 추천한다. 다음은 한 번 더 정리한 개조식 보고이다.

② 개조식 보고
1. A사업 협의(B사, 강 과장, 10시 내방) → 입찰컨소 대응 및 PF 협의
2. 10/10일 중식 예약(한식당K, 12시, 日 기시다 방문 및 식사)
3. 양해각서 초안 송부(C사, 박 차장, 9시) → 10/11일 MOU 세레모니 진행
4. 10/12일 공장방문 품의(관공서, 전주공장) → ERP 결재 요망
5. Z플랫폼 S/W 미팅(D사, 박 대리, 14시) → 최종보고 10/13일 진행

팀장은 개조식 보고만 봐도 정갈함을 느낀다. 이렇듯, ① 일반적인 서술식 보고 → ② 개조식으로 수정하는 데에는 10분 정도면 충분하다. 습관이 되면, 개조식으로 곧바로 직행하여 작성하면 된다. 팀장은 두 배의 절감 시간을 느낀다. 다만, 문맥이 수려하지는 않다. 여기에 범주화(Categorization: 분류 유별화)를 덧붙인다. 범주화란 비슷한 성질을 가진 것을 일정한 기준에 따라 하나의 종류로 묶는 것을 의미한다. 상대방이 순식간에 이해할 수 있도록 내가 글을 쓰는 것이다. 개조식에서 멈추지 말고, 범주화까지 해주어 내 말을 그의 뇌리에 상냥하게 넣어주어야 한다.

Good

개조식의 문장을 한 번 더 범주화한 예제이다.

③ 범주화 보고(시간순 정리)
09시 양해각서 초안 송부(C사, 박 차장), 양사 MOU 예정(10/11일)
10시 A사업 협의(B사, 강 과장) → 입찰컨소 대응 및 PF 협의
14시 Z플랫폼 S/W 미팅(D사, 박 대리) → 최종보고 10/13일 진행
17시 10/12일 공장방문 품의(관공서, 전주공장) → ERP 결재 요망
18시 10/10일 중식 예약(한식당 K, 12시, 日 기시다 방문 및 식사)

범주화로 상대방을 배려했다면 좀 더 서비스하는 방법은 없을까? 사안의 중요도를 표현하면 된다. 가령, 필자도 매주 주간 단위 업무보고를 한다. 일주일은 긴 시간이지만, 바쁜 일상에서는 짧게 느껴질 수밖에 없으므로 집중해야 한다. 주간에 가장 중요한 것이 무엇인가? 다음 예제처럼 우선순위를 매기면 된다. 짧은 5일간 단 세 가지만 마무리한다는 각오를 해보자. 그 세 가지를 구체적으로 명기하여 주중에 반드시 완료하면, 연 53주간 159개(53주x3)의 성과를 창출할 수 있다. 우선순위 문장은 중요도를 각인하는 것과 함께 상대방의 조력을 요청할 수 있는 일석이조의 효과가 있다.

Better

다음은 우선순위까지 기재한 보고이다.

④ 우선순위 보고(중요도 순)	[중요도]
09시 양해각서 초안 송부(C사, 박 차장), 양사 MOU 예정(10/11일)	[3]
10시 A사업 협의(B사, 강 과장) → 입찰컨소 대응 및 PF 협의	[1]
14시 Z플랫폼 S/W 미팅(D사, 박 대리) → 최종보고 10/13일 진행	[4]
17시 10/12일 공장방문 품의(관공서, 전주공장) → ERP 결재 요망	[2]
18시 10/10일 중식 예약(한식당 K, 12시, 日 기시다 방문 및 식사)	[5]

08

애매한 표현 No, 구체적 키워드 Yes

1 숫자, 숫자, 숫자

숫자는 아무리 강조해도 지나치지 않는다. 상사와의 대화에서 정성적인 것은 드라마에서나 나온다. 사업을 하는 직장은 정량적인 데이터만이 결론을 도출할 수 있다. 내가 이과든 문과든, INTJ든 ENFP든, 수학을 잘하든 못하든 상관없다. 숫자가 없이는 임팩트가 없다.

내가 보고를 하자 얄미운 상사가 어김없이 "도대체 자네는 무슨 근거로 그런 결론을 내렸어?"라고 추궁한다. 상사는 야단치기 위함이 아니라, 근거(당위성)가 부족하다고 여기기 때문이다. 예를 들어, 내가 다음과 같이 보고를 했다고 하면, 생산량, 실적률, 복지시스템에 대하여 근거가 부족하다는 것을 알 수 있다.

Bad

먼저, 근거가 없는 보고이다.

근거가 없는 보고
(근거 X) 전월 대비 생산량이 상당히 증가했습니다. (무슨 근거로?)
(근거 X) 영업1팀 영업이익은 회사 내 상위권입니다. (무슨 근거로?)
(근거 X) 직원들은 AI 복지시스템에 대하여 우호적입니다. (무슨 근거로?)

Good

이 보고에 근거를 넣어보자. 객관적인 근거는 보고자의 논리를 뒷받침한다.

근거를 명시한 보고
(근거 X) 전월 대비 생산량이 상당히 증가했습니다.
(근거 O) 제조지표분석 7월분에 의하면, 전월 대비 생산량이 상당히 증가했습니다.
(근거 X) 영업1팀 영업이익은 회사 내 상위권입니다.
(근거 O) 재경팀 8월 실적집계에 의하면, 영업1팀 영업이익은 회사 내 상위권입니다.
(근거 X) 직원들은 AI 복지시스템에 대하여 우호적입니다.
(근거 O) 10월 ERP 설문조사 결과, 직원들은 AI 복지시스템에 대하여 우호적입니다.

"그래, 근거는 있는데, 정량적으로 얼마야?" 야속한 상사의 추가 질문은 결론의 숫자가 아직도 명확하게 제시되지 않아서 답답하다는 의미

이다. 숫자는 나 자신의 정량적인 논리가 명확해졌을 때 각인된다.

Better

숫자를 보완해서 보고해 보자.

근거 명시 및 숫자를 보완한 보고
(숫자 X) 제조지표분석 7월분에 의하면, 전월 대비 생산량이 상당히 증가했습니다.
(숫자 O) 제조지표분석 7월분에 의하면, 전월 대비 생산량이 7% 증가했습니다.
(숫자 X) 재경팀 8월 실적집계에 의하면, 영업1팀 영업이익은 회사 내 상위권입니다.
(숫자 O) 재경팀 8월 실적집계에 의하면, 영업1팀 영업이익은 회사 내 3위입니다.
(숫자 X) 10월 ERP 설문조사 결과, 직원들은 AI 복지시스템에 대하여 우호적입니다.
(숫자 O) 10월 ERP 설문조사 결과, 직원들의 AI 복지시스템 선호도는 75%입니다.

시간이 없는 상사는 숫자로 콤팩트하게 압축하여 암기하고자 한다. 생산량 7%, 실적률 3위, AI 복지 선호도 75%라는 숫자는 선명하게 기억된다.

세계 어디를 가도 통용되는 언어가 있다. "숫자는 언어다." 일본에서 경영의 신이라 불리는 이나모리 가즈오는 말했다. 숫자는 인과관계를 머금은 결론에 해당하는 언어다. 예를 들어, 우리가 기업을 평가할 때 주시하는 영업이익은 결국 매출액에서 매출원가를 공제하고 도출된 매출이익에서 판관비를 마이너스했을 때 얻어지는 결론이다. 연말 결산에 영업이익이 5억이라 함은 매출액(100억), 매출원가(80억), 매출이익

(20억), 판관비(15억)라는 원인이 있다. 이렇듯 숫자는 각인하기 쉽고 매우 명쾌함을 가지고 있다. 숫자만 봐도 상수(고정)와 변수(변동)를 파악할 수 있기 때문이다. 상사들이 MBTI, 전공, 성향에 무관하게 숫자를 파고드는 이유다. 필자가 부언한다. "숫자는 초고속 소통의 언어다."

2 대안들을 글이 아닌 말로도 구체화 제시

필자가 인사팀장을 할 때, 임원 회의에서 연봉인상안에 대한 브리핑이 끝나고 재무임원의 질문을 받았다.

"금년 물가 인상률은 얼마이고, 급여 인상률과 상관관계는 어떻습니까?"

순간 기억이 나지 않아서, 화면에 있는 PT 자료를 넘기며 찾았다. 그랬더니 재무임원이 날카롭게 재촉했다.

"그걸 기억을 못 합니까? 직원들 입장에서는 물가인상분만큼 최소 급여도 올라가야 한다고 생각할 텐데 인사팀장이 꼭 자료를 봐야 압니까?"

발표자가 답변 시 자주 접하는 광경이다. 물론 무대 공포와 긴장감으로 기억이 나지 않을 수도 있다. 그러나 재무임원이 필자에게 지적했듯이, 중요한 숫자는 글이 아닌 말로도 생생하게 구현할 수 있어야 한다.

EPC 영업팀장을 할 때의 일이다. A사업이 인허가를 받지 못해 리스크가 발생하였고, 그에 대한 대안을 두 가지 정리하여 본부장에게 보고했다. 사업이 중단될 위기에 있는 터라, 기분이 좋지 않은 본부장이 질타했다.

본부장: "그럼 A, B안 중에 대체 뭐가 좋다는 거야?"

나는 진땀과 함께 문서를 넘기면서 리스크 헷징 방안의 해당 페이지를 손으로 짚으며 말했다.

필자: "여기 보시면, A안은……"

본부장이 말을 자르면서 일갈했다.

본부장: "내가 안 보여서 묻는 게 아니야. 당신은 이런 시급한 상황에 꼭 글로 봐야 설명이 가능한가? 대안 A, B는 각각 어떤 장점이 있는지 머릿속에 정리했으니까 보고하는 것 아냐? 글 말고 말로 설명을 해봐."

결국 어리벙벙한 답변만 했을 뿐 정곡을 찌르지 못했다. 언변은 타고나는 것이 아니다. Q&A 사전 연습이 중요하다. 물론 이런 상황을 겪고, 필자는 중요한 PT나 보고서에는 Q&A를 준비하는 버릇이 생겼다. 사전에 상대의 질문을 예측하여 문답을 미리 기재한 장표를 준비해 놓는 것이다. Q&A를 작성하면 보고서의 핵심과 전략을 재차 꿰뚫을 수 있고, 부족했던 단점이 보이면서 보완할 수 있다. 이 정도가 되면 답변은 화면이나 종이를 볼 일이 없게 된다. 작성하는 과정에서 이미 머릿속에 각인되기 때문이다.

핵심적인 대안은 Q&A를 만들거나 구상함과 동시에 말로 연습해봐야 한다.

3 두 가지 힘. 질문 의도 파악력+답변력

대부분의 잘나가는 리더나 핵심 인재는 상사와의 대화 시 질문을 잘 이해하고 적절한 답변을 할 줄 안다. 결코 말을 잘해서가 아니다. 물음의 본질과 시원한 답을 심층 연구했기 때문이다.

먼저, 질문 의도를 파악하기 위해서는 되묻는 것이 중요하다. 질문할 때 숫자를 이용하여 되물으면 상대방이 답변을 회피할 수 없고, 명확한 의도를 파악하기가 쉽다.

가령, 팀장이 나에게 "A회사의 채권을 B회사로 이관해."라는 막연한 지시를 하고는, 급하게 나가면서 한마디 던진다.

"내가 올 때까지 다 정리해서 책상에 올려놔."

나는 팀장의 질문이 무엇을 의미하는지 잘 모른다. 그러한 경우 마음을 다잡고 전두엽을 풀가동하여 정리한 다음, 이렇게 되물어 보자.

"팀장님의 말씀은, A사 1억의 채권을 B사에 이관하여 상계처리하고, 상호 채권양수도 계약을 진행하라는 말씀이신가요?"

이것이 질문 의도를 파악하는 힘이다. 급하게 밖으로 나가려던 팀장은 ① "그래 맞아. 그렇게 준비해."라고 하거나, 한숨을 쉬면서 ② "외근 후 다시 설명해 줄게."라는 두 종류의 답변을 할 것이다.

② 외근후 설명해 준다고 하면 나는 그만큼 시간을 번 것이다. 팀장이 오면 설명을 해줄 것이고 그때부터 작성하면 된다. 혹은 옆에 있는 선배에게 팀장의 의도를 파악해 보면 대충 답이 나온다. 그럼 해결책을

미리 준비해 보는 것도 훌륭한 처세이다. ①번의 경우에는 채권양수도 계약서를 만들면 된다.

여기서 중요한 것은 내가 되묻는 질문을 할 때 구체적으로 숫자를 넣는 것이다. 1억이라는 숫자가 팀장의 머리에 각인되면서 중요성을 인식시키고, 답변하지 않으면 부하 직원의 실수로 인한 Loss를 직감하기 때문이다. 이렇듯 질문 의도 파악은 '경우 없다'는 부정적인 의미보다는, 불통으로 인한 시간 절약과 타깃 조준 향상에 효과적이다.

질문 의도를 명확히 파악했다면, 다음은 답변력을 갖추어야 한다. '답변에도 무슨 힘 같은 것이 있을까?' 하고 생각할 수도 있다. 분명히 있다. 그 힘의 크기는 정량이 좌우한다. 우선, 정량화된 명사의 활용도가 높을수록 답변력이 우수하다.

직장에서는 비정량 명사나 형용사보다는 정량화된 명사를 많이 사용해야 한다. 정량화된 명사는 확실성을 끌어올리고, 답변력이 우수해지면 일을 시원시원하고 똑 부러지게 한다고 여긴다.

〈Bad〉 답변력 미흡(비정량 명사, 형용사)	〈Good〉 답변력 우수(정량화된 명사)
1. 월 AS 비용이 다소 많이 사용되었습니다. 2. 원자재가 상당히 올랐습니다. 3. 이번달 영업실적이 소폭 감소했습니다.	1. 월 AS 비용이 6,000만 원 사용되었습니다. 2. 원자재가 전년 대비 20% 올랐습니다. 3. 이번달 영업실적이 10억 감소했습니다.

주변에 답변력이 우수한 동료, 선후배가 있지 않은가? 그들을 자세히 보면 예측형 동사를 사용하지 않는다.

답변력의 두 번째 키는, 예측형 동사를 확정형 동사로 사용하는 것이다.

〈Bad〉 답변력 미흡(예측형 동사)	〈Good〉 답변력 우수(확정형 동사)
1. 폭설로 준공의 연기가 필요합니다.	1. 폭설로 준공이 1월로 이월됩니다.
2. 재고비용 10% 상승이 예견되고 있습니다.	2. 재고비용이 10% 상승됩니다.
3. LC 오픈 10억이 필요하다고 예상됩니다.	3. LC 오픈 10억이 필요합니다.

어떤 대답이 더 시원한가? 확정형 동사를 사용해도 별문제가 없다. 어차피 비즈니스상 여러 가지 상황은 변한다. 책임질 일을 하라는 것이 아니라, 답변을 시원하게 하라는 것이다. 확정형 동사를 사용하기 위해서는, 현장을 확인하고 난 후 나 자신의 확신이 있어야 한다. 확신이 없다면 예측형 동사를 사용하게 되고, 예리한 상사는 되물을 것이다. "그게 무슨 두루뭉술한 답변인가? 다시 확인해서 보고해." 다시 확인할 일은 사전에 체크하는 것이 더 낫다.

답변을 길게 많이 한다고 잘하는 것일까? 아니다. 정확하게 말하는 것이 신뢰를 얻는 길이다. 즉, 다변(多辯)보다는 확언(確言)이 중요하다.

답변력의 두 가지 힘은 정량화된 명사+확정형 동사를 사용하는 것이다.

09

불립문자(不立文字) 듣자마자 이해하는 설명의 달인 되기

1 하고 싶은 말보다 듣고 싶은 말로

불립문자란 불교 용어로서 깨달음은 마음으로 전해진다는 의미이다. 대화를 할 때는 단번에 상대가 이해할 수 있도록 내가 준비해야 함을 의미한다. 필자도 영업하면서 내 위주로 하고 싶은 말을 다 하지 않는다. 꼭 설명해야 하는 것 이외에는 주로 고객의 얘기를 많이 듣는다. 얘기를 듣다 보면 상대방이 좋아하는 정원에 점점 가까워진다. 사람은 누구나 마음에 정원을 품고 있다. 그곳에 들어서면 평온해지면서 상대방에 대한 관심이 쌓인다. 그 정원에는 골프, 당구, 등산, 낚시, 바둑, 독서, 영화감상 등 취미도 있을 수 있고, 애지중지 키우는 반려견이나 개인사업도 있다. 누구나 자기 정원에 가까운 사람에게 호감을 나타낸다. 그러므로 그 정원이 보일 때까지 주로 경청한다. 서로 사업 얘기를 하지만, 함께 할 수 있는 취미가 있다면 더욱 중요한 파트너가 된다. 친구가 되는 것이다.

내가 하고 싶은 말만 하면서 상대방을 압도하고 내 마음대로 행할 수는 없다. 특히 고객인 상대는 실권을 쥐고 권한을 행사할 수 있으므로 내 앞에서 주눅이 들지 않는다. 그가 말을 많이 할수록 나는 손해 볼 것이 없다. 더욱더 많은 정보가 말속에서 나오기 때문이다. 그래서 내가 하고 싶은 말보다는, 그가 하고 싶은 말을 많이 하도록 유도해야 한다. 상대방이 신이 나서 얘기를 한다면 그것으로 대부분의 사업은 매듭이 지어진다. 내가 언문을 많이 표현하지 않아도 상대가 자연스럽게 마음을 여는 불립문자에 도달하는 것이다.

일반적인 대화도 마찬가지이다. 상대방의 니즈를 파악하면 진짜 원하는 것이 보인다. 필자는 대략 다섯 가지를 염두에 두고 대화를 유도한다.

① 상대방이 듣고 싶은 정보

② 상대방의 고민 또는 곤란한 상황

③ 상대방이 원하는 최종 비전

④ 상대방이 기뻐하거나 즐거운 것

⑤ 상대방이 흥미나 관심을 두는 것

상대방이 원하는 것을 파악하게 되면, 그가 원하는 정보나 해결책을 조금씩 주면 된다. 나의 목적도 추구하면서 진행한다. 대화에 있어 대인관계가 맹목적인 사랑이 아니라면, 기본적으로 기브앤테이크이다. 내가 준 만큼 받아야 한다. 특히 말로써 맺은 것은 계약이 아닌 이상 관계성을 갖게 된다. 상대방의 니즈를 파악하면 나와의 관계가 견고해진다.

상대방이 골프를 좋아한다는 가정하에, 상대방의 니즈를 파악하며 교감을 쌓아보자.

1. 상대방이 듣고 싶은 정보

상대: "전 골프를 좋아하는데, 요즘 골프 예약이 무척 어렵더라고요."

필자: "잠시만요. 수원CC 월요일 8시 40분 티업이 나왔는데, 시간이 어떠세요?"

상대: "아, 정말로요? 일단 예약하시죠. 맞춰보겠습니다. 함께 하시죠."

필자: "저는 보기플레이인데, 요즘엔 백돌입니다. 핸디가 어떠하신가요?"

상대: "하하, 전 골린입니다. 한번 현장 코칭을 해주십시오."(신이 나서 말한다)

2. 상대방의 고민 또는 곤란한 상황

상대: "제가 백돌이인데 요즘 드라이버가 거리가 안 나가서 미치겠습니다."

필자: "그럼 함께 스크린 골프 어떠세요? 제가 부족하지만 한번 봐 드리겠습

니다.”

상대: “지난달에 드라이버 채를 바꾸고 훅이 나는데 고칠 방도가 없습니다.”

필자: “저도 그런 경험이 있습니다. 연습장에서 자세를 촬영한 것은 없나요?”

상대: “아, 마침 가지고 있습니다. 싱글께서 한번 봐주십시오.”(영상을 보낸다)

3. 상대방이 원하는 최종 비전

상대: “저는 버디는 종종 해 봤는데, 그 이상은 해본 적이 없습니다.”

필자: “대단하십니다. 그럼, 최종적으로 해보고 싶은 건 무엇인가요?”

상대: “글쎄요. 이글, 사이클버디, 홀인원이겠죠. 더 좋은 게 있나요?”

필자: “제가 권유드립니다. 에이지슈팅(나이와 같은 타수: 70세-70타) 어떠세요?”

상대: “에이지슈팅. 참 가슴 뛰는 골프 비전입니다. 감사합니다.”(흥분한 목소리)

4. 상대방이 기뻐하거나 즐거운 것

상대: “어제 스크린 골프를 했는데, 운 좋게도 홀인원을 했습니다.”

필자: “와~ 진짜로요? 정말 축하드립니다. 엄청난 샷이었겠습니다.”

상대: “스크린이라서 축하받을 일은 아닙니다만, 아무튼 기분 좋습니다.”

필자: “스크린도 얼마나 어려운데요. 어느 골프장 몇 번 채인가요?”

상대: “수원CC 9번 채로 127m 거리를 쏙! 넣었습니다. 하하하”(기분이 업

된다)

5. 상대방이 흥미나 관심을 두는 것

상대: "타수가 줄지 않습니다. 분석해보니 어프로치에 의한 마무리가 안 되네요."

필자: "어프로치는 P, A, S 중 주로 뭘 쓰시나요? 그린은 굴리는 것이 좋은데…"

상대: "주로 S 56도를 사용합니다. 근데, 세 번 중 꼭 한 번은 뒤땅을 칩니다."

필자: "그럼, 치퍼를 한번 써보시면 어떠세요? 제가 마침 안 쓰는 것이 있습니다."

상대: "그래요? 그럼 한번 빌려주십시오. 괜찮으면 구입하게요."(관심을 갖는다)

골프로 예를 들었지만, 테니스, 수영, 요가, 드럼, 드로잉, 춤 등 다양한 분야에 적용할 수 있다. 상대방은 이끌리는 것에 눈빛이 달라진다.

2 성과는 해석을, 문제는 해결책과 함께 제시

5명의 팀장을 둔 본부장이 있다. 본부장이 금년도 노고에 감사한다면서 100%의 인센티브를 지급한다고 단톡방에 글을 남겼다. 팀장들이 답변을 올린다. 다음 예제 중 인사고과가 가장 좋은 팀장은 누구일까?

본부장: "여러분의 노고에 감사하는 의미로, 인센티브 100%를 금월 급여에 지급합니다."

기술팀장: "앗~ 감사합니다. 소중히 잘 쓰겠습니다."(일단 일빠로 인사치레하자)

회계팀장: "연말이 훈훈합니다. 감사합니다."(그냥 퉁 치고 감사해야지)

공사팀장: "모두 고생하셨습니다. 힘냅시다."(팀장들 모두가 고생한 거지)

기획팀장: "저희 팀에서 평가손실 5억을 막은 효과도 있는 겁니다.^^"(다 내 덕이야)

영업팀장: "감사합니다. 본부장님의 1,000억 영업 수주 덕분에 부족한 제가 인센티브를 받습니다. 금년에도 팀원들과 함께 전력을 다 하겠습니다."(본부장 덕분입니다)

필자가 본부장이라면, 영업팀장에게 고과 A를 줄 것이다. 기술팀장과 회계팀장은 고맙다는 말만 했고, 의도한 바 아니지만 공사팀장은 팀장들 전체가 고생했다고 암시했고, 기획팀장은 본인이 지분 평가손실을 막은 덕분에 인센티브를 받았다고 자화자찬의 답변을 했다.

팔이 안으로 굽는 이유는 인간의 팔 관절의 굴곡근 자체가 안으로 굽어있기 때문이다. 마찬가지로 본부장이 단톡방에 띄운 글 이면에는 '내 성과를 알아주고, 감사를 해주길' 바라고 있다. 아첨하라는 것이 아니라 상대의 성과를 공개적이면서 합리적으로 칭찬을 아끼지 말라는 것이다. 굴곡근의 역할은 말 한마디면 충분하다.

1단계: 본부장님 덕분에(상대방이 자랑하고 싶어 할 때는 '덕분에'를 넣어보자)

2단계: 본부장님 영업 수주 덕분에('덕분에' 앞에 '합당한 해석'을 첨부하면 성과가 빛이 난다)

3단계: 본부장님 1,000억 영업 수주 덕분에('합당한 해석'에 '숫자'까지 덧붙이면 완전 흡족하다)

3단계를 권한다. 이처럼 '정량적 성과해석+덕분에'가 장착되면 낯간지러움을 없애면서, 다수가 본부장의 자연스러운 실적을 느껴지게 만든다.

Bad

자재 수급에 대한 대책 보고를 하는 자리에서 팀장이 강 차장에게 질문한다.

팀장: "(화가 나서) 강 차장, 자재 수급에 문제가 있다면서. 빨리 보고해 봐."

팀원: "자재 A, B가 상해로부터 부산에 27일에 도착합니다."

팀장: "그래서? 자재가 27일에 도착하면 우리는 25일부터 제조 셧다운이 되잖아. 중국에 물류 사고로 인해 항만 운행이 늦는 것은 알겠는데, 그다음 어떻게 하라고? 대안이 뭐야?"

팀원: "(내가 뭘 어떻게 하라고?) 네? 제가 뭘…?"

팀장: "(한숨 쉬며) 난 참 일복도 많아. 허드렛일까지 내가 다 하지. 하~ 문제만 가져오면 어떻게 하라는 거야? 자재 B는 이틀분의 재고가 있으니까 27일까지는 버틸 수 있어. 가장 중요한 소재인 A는 항공편을 알아봤어? A는 중량이 가벼우니까 항공비도 저렴할 것 아닌가?"

팀원: "(어라? 그 방법이 있었네) 아, 네. 다시 확인 후에 보고드리겠습니다."

회사에서 자주 듣는 팀장의 목소리이다. 강 차장이 문제만 보고한 케이스이다. 팀장은 비명을 지르며 강 차장을 돌려세운다.

대책이 없이 문제만 제기하는 직원은 상사가 미워하다 못해 향후 저급한 일을 준다. 왜냐하면 그 직원에게는 리스크가 없는 루틴한 일을 주어야 무탈하다고 여기기 때문이다. 예전에는 팀원을 코칭하다 보면 트레이닝 시간이 엄청나게 소요되었다. 상사도 일이 많은데, 팀원을 가르치다 보면 업무 부하가 증대할 수밖에 없다. 지금은 IOT가 보편화된 오픈 정보의 시대이다. 인터넷만으로도 대안을 준비할 수 있다. 세대별(MZ, Y, X, 베이비부머) 누구든지 열의만 가지고도 얼마든지 해결책을 모색할 수 있다.

Good

같은 예제를 놓고, 핵심 인재인 박 차장은 이렇게 말한다.

팀장: "(화가 나서) 박 차장, 자재 수급에 문제가 있다면서. 빨리 보고 해 봐."

팀원: "네, 팀장님. 자재가 부산에 27일에 도착합니다. 우리 제조는 25일부터 셧다운이 됩니다. 저는 두 가지 대안을 보고드립니다. 첫째는 제조에서 전주에 토, 일요일 특근을 하지 않는 방법이 있습니다. 휴일에 특근을 배제하면 27일에 자재가 도착해도 생산 중단은 없습니다. 다만, 제조팀장과 사전 논의가 필요합니다. 두 번째는 급한 자재류 A만이라도 항공으로 보내는 방법입니다. 항공 비용은 추가 1,000만 원이 소요됩니다만, 납기 준수로 인해 2,000만 원 고객클레임비가 절감되어 1,000만 원을 오히려 세이브(Save)할 수 있습니다. 어느 안건으로 할지 팀장님께서 결정해 주십시오."

팀장: "(다행히 문제뿐만 아니라 대안도 검토했군) 그래, 제조가 멈추면 당장 나에게 화살이 올 거야. 두 번째 안으로 항공 처리해. 다만 항공비를 더 네고해서 800만 원에 맞춰서 정리해. 내가 본부장님께는 보고드릴게."

팀장은 문제뿐만 아니라 해결책을 가져오는 박 차장에게 든든함을 느낄 것이다.

3 수문수답(隨問隨答), 설명해달라고 하면 아는 것이 보인다

수문수답은 물으면 묻는 대로 거침없이 대답한다는 뜻으로서, 질의에 대하여 명쾌한 확답의 중요성을 의미한다.

예를 들어, 팀장 회의에서 제조팀장이 머시닝센터를 구매하기 위한 발언을 하는 자리이다.

Bad

제조팀장이 질문에 답변을 제대로 준비하지 않은 상태로 참석했다.

제조팀장: "저희 현장 제작반에 머시닝센터(보링, 밀링, 드릴링 등 자동으로 가공하는 공작기계) 5축 한 대를 신규로 구매했으면 합니다."

구매팀장: "(뭘 만들려고 장비 구입을 요청하지?) 제조팀장님, 궁금해서 묻습니다. 회사 내 머시닝센터는 이미 두 대를 보유 중인데, 왜 추가로 필요한지 설명해 주십시오."

제조팀장: "(뭐지? 딴지 거나?) 기존 머시닝센터는 3축입니다. 가공이 정교하지 않아요. 근래 영업팀이 수주하는 제품에는 맞지 않습니다."

구매팀장: "(질문을 이해 못 했나?) 네, 그러니까 뭘 만드는데 어떻게 필요한지를 여쭙는 것입니다. 저희 제품에 어떤 부분을 어떻게 가공하기 위해서 필요한 것인가요?"

제조팀장: "(이쯤 되면 막 나가자는 거지) 아니, 우리 신제품 로봇Arm 그걸 모르세요? 어떻게 그걸 모르고 구매팀장을 하십니까?"

구매팀장: "(이게 어디서 막말이야?) 뭐요? 5축 머시닝센터가 가장 싼 것도 1.5억입니다. 애초에 별도 예산 책정이 없는 가운데 장비 추가를 하려면, 최소한의 합리적 사유는 들어야 하지 않습니까?"

제조팀장: "(에잇, 말하기도 귀찮다) 우리 애들이 기안-협조할 겁니다. 됐습니까?"

회계팀장: "제조팀장님, 저도 궁금해서 질문하려고 했습니다만, 구매팀장님께서 장비 사용처에 대한 세부사항을 질문한 건데, 뭘 그걸 가지고 화를 내세요?"

제조팀장: "(이건 또 뭐야?) 회계팀장님은 가만히 계십시오. 제가 설명해도 잘 모르시잖아요?"

회계팀장: "(날 무시하나?) 그럼 알아듣게 답변해 주십시오. 저도 명확하지 않은 것은 투자심의위원회 지원을 해 드릴 수가 없네요."

제조팀장: "(영업을 물고 늘어지면 자기네들이 어떻게 할 거야?) 다들 안 된다고 하니까 할 수 없군요. 영업팀장님! 장비를 안 사준다고 하니, 제품 출하가 당분간 늦어집니다."

영업팀장: "(갑자기 나에게 화살을? 젠장) 네? 모두 합심하여 잘 해결하시죠. 허허."

이처럼 설명을 제대로 하지 않은 제조팀장은 적을 세 명 얻었다. 궁금해하는 다른 팀장의 질문에 그는 성실한 답을 해야 한다. 질의자는 단순히 다투고자 함이 아니라 의문을 해소하길 원한다. 정당한 질의는 조직에도 이득이다. 이처럼 제조팀장이 횡설수설하거나, 정곡을 찌르지 못하는 동문서답을 한다면 아마도 회의 참석자는 '제조팀장이 장비가 필요하긴 한 건가?'라고 생각할 것이다.

Good

제조팀장이 아래와 같이 준비된 답변을 했다면 회의 시간도 감소하고 서로 감정 상할 일도 없다.

제조팀장: "저희 현장 제작반에 머시닝센터 5축 한 대를 신규로 구매했으면 합니다."

구매팀장: "(뭘 만들려고 장비 구입을 요청하지?) 제조팀장님, 궁금해서 묻습니다. 회사 내 머시닝센터는 이미 두 대를 보유 중인데, 왜 추가로 필요한지 설명해 주십시오."

제조팀장: "네, 아시는 바대로 기존 머시닝센터는 X, Y, Z 3축이 두 대가 있습니다. 근래 영업팀에서 수주하는 신제품 로봇Arm은 3개의 측면뿐만 아니라 입체가공이 필요합니다. 3축은 입체가공 시 Tool 교체로 30분 이상 소요됩니다. 5축은 입체가공이 가능하므로, 기존 3축 대비 Text Time이 30분 생산성 향상으로 연간 3억의 수익이 발생합니다. 장비 구매

가격이 대략 1.5억이 소요되므로, 6개월이면 ROI(Return On Investment: 투자 수익률)가 나옵니다. 장비 수명 10년을 놓고 보면 30억 이상 효익이 발생하므로 구입이 유리하다는 판단입니다. 자세한 내용은 유관부서에 기안과 협조문을 송부해 드리겠습니다."

구매팀장: "(아, 그렇군) 네, 알겠습니다. 구매에서는 추가예산을 편성하겠습니다."

회계팀장: "(이해가 가네) 저도 이해가 갑니다. 투자심의를 준비하겠습니다."

설명을 제대로 하지 못한다는 것은 명확하게 알지 못하는 것이다. 공부는 학교에서 끝나는 것 같지만, 직장에서 새로 시작된다. 끝이 없는 사업에 대한 공부가 매일 산적한다. 공부를 제대로 못 하고 사업을 하면 백전백패일 확률이 높다. 적들은 훨씬 많은 정보를 캐치하고 대비를 하기 때문이다. 내가 해당 과제의 공부를 하고 함축해서 발표하면, 구성원들의 간접지식이 증대된다. 그러나 부실한 공부의 끝은 구성원의 질문만 남게 된다. 조직의 소중한 시간을 내가 헛되이 써버린 것이다. 그만큼 조직 전체의 Loss가 발생한다. 설명(발표)을 잘해야 하지만, 미흡하거나 복잡한 부분은 상세 설명이 필요하다. 그 설명이 때로는 핵심요인(Critical Factor)이 될 수도 있다. 그래서 설명을 요하는 질문은 조직에 플러스가 되는 것이다. 같은 질문을 하려다 참았던 타인에게도 유익한 주석이 된다.

발표자를 모욕 주는 것이 아닌, 정중하지만 정곡을 찌르는 질문이 필요하다. 이렇게 질문하면 다음에는 책잡히지 않기 위해 철저히 준비하는 등 조직 전체에 긴장감을 주게 된다. 필자도 영업하면서 자사 제품에 대한 공부를 많이 한다. 이미 보편화된 제품이므로 고객들이 더 잘 알고 있고 경쟁사의 영업담당자까지 몇 명 만난 상태라면, 나보다 지식이 더 높은 경우가 허다하다.

필자가 자주 겪는 고객과의 대화이다.

필자: "제품 A는 신규로 출시되었습니다. 국내 최대효율을 보유하고 있습니다."

고객: "(그건 이미 알고 있지) 그건 잘 알죠. 귀사 제품이 경쟁사 대비 무엇이 강점인가요?"

필자: "(까다로운 질문이군) 사실 경쟁사와 비교는 의미가 없습니다. 경쟁사를 폄훼하고 싶지도 않고요. 저희 제품은 효율이 22%이므로 설치 면적 감소로 인하여 타사 대비 5%의 경쟁력이 있습니다."

고객: "(그럼 나에게 구체적인 이득은 뭐야?) 그럼 귀사 제품이 나에게 어떤 가치를 주나요?"

필자: "(허를 찌르자) 가치의 범위가 넓은데, 구체적으로 무엇을 원하십니까?"[설명을 요구]

고객: "저는 사업 기간 20년간 제가 얼마나 수익을 먹을 수 있는가를 묻는 것입니다."

필자: "(수익을 원하는구나) 설치 면적 감소는 추가 설치 5%를 의미합니다. 타사 대비 연간 2,000만 원의 수익이 발생하므로, 사업 기간 20년간 4억의 가치를 고객님께 드릴 수 있습니다."

고객: "(관심이 가지만 비싸잖아) 그런데 타사 대비 좀 비쌉니다. 이걸 4억 가치에 대입하면, 좀 떨어지지 않나요?"

필자: "(끈질기군. 결정을 짓자) 네, 고객님 말씀대로 제품 가격 상승분이 있어도 -10% 정도입니다. 즉 4억에서 -10% 하면, 20년간 3.6억의 수익이 보장됩니다."

고객: "(괜찮네) 설명 잘 들었습니다. 좋습니다. 계약하시죠. 제가 날카롭게 물어서 죄송합니다만, 저도 경영자라서 이문이 중요하거든요. 양해해주십시오."

필자: "(휴~ 마무리) 네, 당연하죠. 감사합니다. 계약서는 여기 있습니다."

이렇듯 고객은 제품에 대한 타사 대비 장점과 나에게 어떤 가치를 줄 것인가 하는 촌철 질문을 한다. 타사 대비 장점은 타사의 제품 전체를 알 수 없기에 효율로 표현했다. 가장 까다로운 질문은 고객에게 어떤 가치를 주느냐이다. 고객의 가치 추구의 범위가 너무 넓고 기준을 알 수 없기 때문이다. 이처럼 확실히 감을 잡아야 하는 경우에는 설명을 요하는 질문을 던져야 한다. 상대의 허를 찌르는 질문을 하는 과정에서, 고객이 원하는 확답을 할 수 있게 된다.

10

위에서 아래로 보고하는 세상

1 곧바로 행동하도록 세밀한 지시

업무량이 증가하는 것을 반기는 사람이 있을까? 보통 회의를 하면 회의감과 함께 숙제가 늘어난다. 이미 내준 숙제를 할 시간도 없는데, 회의하는 시간도 아까울 따름이다. 팀장이 X세대, 팀원이 MZ세대라면 더욱 팽팽한 줄다리기가 이어진다. MZ세대는 각자 맡은 업무를 착실히 완료하는 것이 중요하다고 생각한다. 하지만, 현업과 더불어 TF로 여러 가지 숙제들을 병행하던 X세대는 이 점을 이해할 수 없다. 까라면 까야지 하는 군대식 사고방식과 밥 먹듯 수행하던 OT(오버타임)도 이제는 없다. MZ세대는 근로기준법에 훨씬 능통하고, 노무 관련 문제가 발생하면 우선 노무사나 변호사를 대동하여 적극적으로 해결하곤 한다. 회사와 서로 대립하지만 내가 공정하고 떳떳하면 그만이라는 생각을 하고 있다. 즉, MZ세대는 내 시간은 재화를 넘어선 삶의 공정가치라고 여기는 것이다.

그래서 상사는 팀원의 시간을 아껴주어야 한다. 회의를 할 때는 회의 시간에 대한 사전 토크는 물론, 끝나는 시간까지 알려주는 것이 바람직하다. 회의를 질질 끌면서 '라떼(나 때엔) 판매'와 '꼰대 TMI(Too Much Information)'를 날리는 것보다 차라리 정시 종료를 위한 각자 업무 분담을 체크하는 것이 더 효율적이다. 정시 종료와 업무 분담은 MZ에게는 치환 가능한 합리적인 역할이기 때문이다. 이와 더불어, 상사라면 오늘 회의를 임팩트 있게 진행하기 위해 준비해야 한다. 업무 지시서 혹은 회의 내용의 한 장 요약과 SNS로 사전 공지할 것을 권한다. 갑자기 주제를 던져서 당황한 상대방에게 견해를 요청하게 되면, 긴장감보다는 불쾌감이 클 것이다. 사전에 회의 내용을 공유하면 인지 및 사전 준비를 할 수도 있기에 효율과 효과의 측면에서 조직에 이득이 됨은 물론이고, 회의 시간이 절감되는 효과도 있다.

예전에는 전 세대가 다음 세대에 가르칠 것이 있었지만, 지금은 MZ이 기존 세대보다 오히려 더 많은 정보량을 가지고 있다. 유튜브에 모든 과정과 결과, 문제점과 해결점, 하다못해 전문가적 견해까지 동영상으로 언제나 볼 수 있기 때문이다. 특히 디지털과 관련된 업무는 기존 세대의 추종을 불허한다. 2배속이 넘는 동영상을 태연하게 보다 보니 스피드를 중시하게 되고, 느린 것에 관대하지 못한 습관도 체득하게 된다. 이런 이유로 직장생활은 360도 배움이 있다. 나를 중심으로 전후좌우 모두가 스승이고 제자가 된다.

요즘에는 업무를 지시하는 경우에 상사가 더 많이 얘기해야 한다. 상세한 설명을 해 주어야 상대방이 곧바로 행동할 수 있다.

Bad

단톡방에서 팀장이 김 대리에게 저격 카톡을 날렸다.

팀장: "(길게 쓰기도 귀찮다) 김 대리, A프로젝트 보고 요망."

팀원: "(뭐라는 거야? 단톡방에 미주알고주알 묻기도 그렇고) 팀장님, 전화드리겠습니다."

팀장: "(띠리링~ 알아서 좀 하지. 귀찮게 전화가 왔군) 어, 김 대리. 왜?"

팀원: "팀장님, 카톡봤는데요. A프로젝트의 어떤 보고를 말씀하시나요?"

팀장: "(짜증 나네. 이 글을 이해 못 하나?) 그거 있잖아. 계약과 일정! 계약이 지연될 수도 있고, 계약금을 사전에 20% 못 받을 수 있다면서? 일정은 어떻게 돼가고 있어? 언제가 착공계 제출이고 언제 준공인가? 내일 주간보고 회의하니까 미리 좀 만들어 줘야지. 그리고 척하면 척 알아들어야 하지 않나? 거~ 답답하게."

팀원: "(@.@ 그런 심오한 의미였구나) 네, 알겠습니다."

김 대리는 이해가 가지 않는다. 그럼 자세히 적어주던가?? 우리가 종종 겪는 현실이다. 폐문단답(閉問短答). 닫힌 질의는 짧은 답변을 낳는다.

Good

반면, 팀장의 자세한 설명은 상대방을 즉시 행동할 수 있도록 유도한다.

팀장: "김 대리, 내일이 주간보고이므로(목적), 금일 15시까지(기한) A 프로젝트의 계약 시점, 계약금액, 착공계 제출일과 준공 포함 세부 일정(작성 내용)을 한 장 정리해서 보고해 주세요."

팀원: "(바로 이해되네) 네, 작성 후 보고드리겠습니다."

김 대리는 목적, 기한, 작성 내용이 명확하므로 곧바로 업무에 착수할 것이다.

필자는 대학 시절에 지리산을 처음으로 등반했는데, 화엄사로부터 올라가서 노고단에서 1박을 했다. 험준한 영산(靈山)이라 온종일 힘겹게 등반했는데, 뜻밖에 노고단에는 아스팔트 위에 버스가 다니고 있었다. 나중에 알았지만 노고단까지는 시내버스가 운행 중이었고, 화엄사에서 출발하는 것보다 하루가 절약되었다. 그만큼 베이스캠프가 중요한 것이다. 팀장의 상세한 업무 지시는 팀원들을 화엄사가 아닌 노고단부터 시작하게 하여 시간 절약을 돕는다.

2 닫힌 질문과 열린 질문의 적절한 조화 필요

작가 친구가 책을 내면서 마음에 드는 책 표지 시안을 선택해달라고 단체 카톡에 올렸다.

작가: "제가 금번에 MZ세대를 위한 책을 집필했고, 표지 시안 A, B를 만들었습니다. 둘 중에 하나를 선택해 주세요." [닫힌 질문]

필자: "난 A. 베스트셀러 되라~."

지인1: "나도 A. 옥고 출판 축하합니다."

지인2: "전 B요. 출간을 축하드려요."

지인3: "B. 축하해요."

지인4: "A."

친구가 닫힌 질문으로 선택을 유도했기에 단답형이 주로 답변으로 나왔다. 하지만 열린 질문을 했다면 다음과 같았을 것이다.

작가: "제가 금번에 MZ세대를 위한 책을 집필했고, 표지 시안 A, B를 만들었습니다. 하나 선택해 주시고 그 이유도 기재해주시면 감사하겠습니다." [열린 질문]

필자: "난 A. 보다 클래식하고 차분한 인상이라 마음에 든다. 베스트셀러 되라~."

지인1: "나도 A. B보다는 안정감 있고 엔틱한 표지가 맘에 듭니다. 옥고 출판 축하합니다."

지인2: "전 B요. 요즘 20대에게 핫한 컬러가 담긴 B를 추천합니다. 출간을 축하드려요."

지인3: "B. MZ을 타깃으로 한다면 B의 시안이 젊고 밝은 이미지입니다. 축하해요."

지인4: "A. 오히려 B보다는 신선하고, 서점에서 더 눈에 띄는 색상입니다."

열린 질문은 선택한 이유가 담긴 답변을 유도한다.

질문은 '닫힌 질문(Colsed Question)'과 '열린 질문(Open Question)'으로 나뉜다. 닫힌 질문은 A 혹은 B처럼 선택지가 있는 질문이다. 상대방의 대답 범위를 내가 정의한다. 범위 제한은 상대의 의견을 명확하고 신속하게 알 수 있다는 장점이 있다. 내가 해당 질의과제에 상당한 정보와 전문성을 가지고 있다면 닫힌 질문이 적합하다. 하지만 한 가지만 답하는 상대의 편향성에 대해서는 감수해야 한다. 반면, 열린 질문은 상대가 범위를 정의한다. 상대방 의견과 아이디어를 자유롭게 들을 수 있어서 포괄성을 갖는다. 자유롭게 얘기하는 과정에서 핵심 키워드와 아이디어를 얻고, 상대측의 명확한 방향을 이해하게 된다. 정보를 취득하는 차원에서는 열린 질문이 필요하다. 과업에 따라서 Open과 Closed는 잘 조합하여 활용하면 된다.

회의할 때는 상호 조합된 질문을 많이 사용한다.

팀장: (닫힌 질문) "김 대리, Z프로젝트에 대한 PF관련 금리는 은행 A, B 각각 얼마지?"

팀원: (닫힌 답변) "A은행은 5.1%, B은행은 5.8%로 A은행이 0.7% 더 유리합

니다."

팀장: (열린 질문) "금리는 A군. 전체적으로 봤을 때 김 대리는 어떻게 생각해?"

팀원: (열린 답변) "금리를 제외하고는 전부 B가 우세합니다. 대출한도도 B가 300억이 더 높고, 수수료도 A는 0.5억이 소요되지만 B는 없고요. 대출기간도 B은행이 10년으로 A보다 3년이 깁니다. 무엇보다도 PF지급 시점이 A은행은 준공 이후이지만, B은행은 계약 후 30%, 준공 후 70%로 B가 더 유리합니다. 종합적으로 판단해야 한다고 생각합니다."

닫힌 질문에서는 A가 유리했지만, 열린 질문을 하면 B가 더 나아 보인다. 이렇듯 두 가지를 잘 조합함으로써 다양한 정보를 얻을 수 있다.

3 앉아서 지시보다는, 서서 요청하라

요즘 회사는 화면 결재로 인해 대면 결재가 점차 사라져 간다. 그래도 중요한 사항은 대면 결재를 득하고 스캔파일을 ERP에 넣어 담당자 전결을 하는 경우가 있다. 이런 경우 팀원이 결재판을 들고 팀장에게 간다. 보통은 팀장이 앉은 채로 팀원을 세워놓고 내용을 확인하고 의견도 물으며 결재한다. 잠깐이면 상관없지만, 서로 상의해야 하거나 의사결정에 시간이 오래 걸리는 경우에는 서 있는 팀원이 어색하고 난감한 상황이 된다. 뻘쭘하고 다리도 아프다. 팀장도 팀원의 설명을 듣기 위해서는 고개를 올려다보며 대화해야 하므로 참 불편한 자세가 아닐 수 없다. 심지어 이런 자세로 팀원에게 충고하거나 꾸중하는 경우도 있다.

우리는 서서 듣는 것을 싫어한다. 학창 시절 교무실에서 선생님께 훈시를 듣던 안 좋은 기억이 있기 때문이다. 서 있는 것 자체가 벌서는 느낌인데, 게다가 욕까지 먹으면 더는 회사생활을 하고 싶지 않다. 결재를 득하러 간 팀원이 모욕감을 느끼게 해서는 안 된다. 팀장은 팀원으로부터 짧은 시간에 많은 정보를 들어야 하는 입장이다. 결재는 단시간에 가장 축약된 정보를 얻는 과정이다. 그렇다면 팀원이 편한 상태가 팀장에게도 유리하다. 팀원의 편의를 봐주면서 일하라는 것이 아니라 상호 수평적인 태도를 유지하라는 것이다.

반면, 팀장은 서서 요청할 것을 권유한다. 필자는 직장에서 서서 일할 수 있는 스탠딩 데스크를 사용한다. 하체 단련과 코어 유지 등 건강상의 이유뿐만 아니라, 집중 업무는 서서 진행하는 것이 더 효율적이기 때문이다. 또한 업무 스피드도 확실히 증가한다. 앉아있는 팀원에게 팀장이 가서 업무를 논하는 것이 더 좋은 방법이다. 찾아가는 팀장의 오더는 팀원이 팀장 자리까지 고민하면서 왕복하는 시간 낭비가 없으므로 사무 생산성이 증대된다. 흡연장이나 탕비실에 갔다 오면 업무 단절이 생기게 마련인데, 팀장이 부르는 순간도 마찬가지인 셈이다.

Bad

팀장이 김 대리에게 업무를 지시한다.

팀장: "야! 김 대리! A프로젝트 14시까지 정리해서 가져와." [명령어]

팀원: "(기분 나쁘게 반말이네) 네, 알겠습니다."

팀장: "너는 제발 오탈자 좀 체크해서 보고해라! 알았어?" [명령어]

팀원: "(WTF. 너가 뭐야? 사원들도 있는데. 회사에서 직함 좀 쓰지) 네."

Good

상사의 말투는 명령이 아니라 요청이 필요하다. 이렇게 요청어를 써 보자.

팀장: "김 대리, A프로젝트 기안을 14시까지 오탈자까지 체크 후 보고 바랍니다." [요청어]

팀원: "네, 알겠습니다."

당연한 말이지만, 요청어가 더 젠틀하고 듣기 좋다. 나는 낯간지러워 그렇게 못 하겠다 할 분도 있겠지만, 내가 김 대리였던 시절을 생각하면 후자가 더 인간적이라고 느낄 것이다. 일이란 재촉한다고 능사가 아니다. 과거 고속 성장 시대에 걸맞은 베이비부머, X세대의 인재상은 나사와 사람은 조여야 한다는 논리가 함께 했다. 지금은 신성장 4.0 초격차 행보의 인텔리한 시대이다. 상사와 부하 간 사다리가 점점 수평으로 놓여지고 있다.

3장

단순하게, 처세하다

11

동량지재(棟梁之材) 조직이 원하는 문제해결형 인재

1 양금택목(良禽擇木), 지독한 상사의 조직에 쫓아가라

양금택목은 좋은 새는 좋은 나무를 가려서 둥지를 튼다는 말이다. 직장 격언에 "첫 직장의 첫 상사가 평생의 직장생활의 운명을 가른다."라는 말이 있다. 그만큼 첫 직장과 상사가 중요하다는 의미이다.

'미래형 인재는 어떤 특성을 지니고 있을까'(김포신문 2021. 3. 16.) 강영준 경영자문관의 포럼에 따르면, 대기업들은 다음과 같은 인재상을 원하는 것을 볼 수 있다.

한국 대표기업 인재상

기업	역량	정의	비고
삼성그룹	열정 (Passion)	끊임없는 열정으로 미래에 도전하는 인재 (We have an unyielding passion to be the best)	삼성채용 (2021)
	창의혁신 (Creativity)	창의와 혁신으로 세상을 변화시키는 인재 (We purse innovation through creative ideas for a better future)	
	인간미 도덕성 (Integrity)	정직과 바른 행동으로 역할과 책임을 다하는 인재 (We act responsibly as a corporate citizen with honesty and fairness)	
현대 자동차 그룹	도전	실패를 두려워하지 않으며 신념과 의지를 가지고 적극적으로 업무를 추진하는 인재	현대자동차 그룹 채용정보 (2021)
	창의	항상 새로운 시각에서 문제를 바라보며 창의적인 사고와 행동을 실무에 적용하는 인재	
	열정	주인의식과 책임감을 바탕으로 회사와 고객을 위해 헌신적으로 몰입하는 인재	
	협력	개방적 사고를 바탕으로 타 조직과 방향성을 공유하고 타인과 적극적으로 소통하는 인재	
	글로벌마인드	타 문화의 이해와 다양성의 존중을 바탕으로 글로벌 네트워크를 활용하여 전문성을 개발하는 인재	
LG그룹	꿈과 열정을 가지고 세계 최고에 도전하는 사람 팀워크를 이루며 자율적이고 창의적으로 일하는 사람 고객을 최우선으로 생각하고 끊임없이 혁신하는 사람 꾸준히 실력을 배양하여 정정당당하게 경쟁하는 사람		LG채용정보 (2021)

대기업 세 곳의 인재상을 통합하여 요약하면, '도전과 열정으로 실행하는 인재'를 원하는 시대이다. 여기서 중요한 것은 실행이다. 도전과 열정의 정신은 있는데 실행치 않으면 소용이 없기 때문이다. 실행은

행동을 의미하며 성패와 연계가 된다. 착수하면 승리와 패배가 갈리지만, 포기하면 제로가 된다. 기업들은 실패를 무릅쓰고 전진하기를 원하지, 패배를 두려워해서 안주하려 하지 않는다. 마찬가지로 기업은 문제만 제기하는 것을 원하지 않는다. 해결을 문제의 앞에 놓고 생각해야 한다. 해결과 함께 제시한 문제는 곧 아이디어로 전환되지만, 그 외에는 불만 토로가 된다. 기업은 영리 집단이므로 문제조차도 해결 여하에 따라서 돈이 되는가를 셈해봐야 한다. 수익 없는 문제는 고려할 이유가 없다. 문제를 제기할 때는 해결의 방안을 포괄적으로 검토하는 인재가 되어야 한다. 특이한 경우를 제외하고는 상사는 대부분 문제를 인지하고 있으며, 문제 제기자가 해결과 실행을 염두에 두었는지를 눈여겨볼 것이다.

직장에서는 점잖고 나를 위로해 주는 상사가 인기가 많다. 인기가 많은 상사는 나만 바라보지 않는다. 여러 사람을 두루 생각하는 정치인으로 봐야 한다. 그렇지 않으면 사람만 좋은 케이스인데 성과를 내지 못하면 조기에 퇴출당했을 확률이 높다. 이런 정치 스타일보다 업무처리가 시원시원하면서도 혹독한 독종 상사를 원하는 팀원도 있다. 명장 아래 소졸은 없기 때문이다. 명장은 다시 명장을 키워내는 법이다. 특히 사회 초년생일 때에는 일을 배울 때 독종 상사 만한 훌륭한 멘토가 없다. 지독한 상사는 일을 시키면서 사람을 극한까지 몰아붙인다. 그 일의 성과를 반드시 달성해 내도록 끝까지 진전시켜 놓는다. 그러는 과정에서 독종 상사는 근성(물고 늘어짐), 열정(열과 정성), 개선의식(아이디어 창출),

목표의식(타깃 주시력)을 세밀하게 눈여겨본다. 마치 내 새끼가 정글에서 훌륭한 사냥꾼이 되길 바라는 어미 사자의 마음가짐과 같다. 독종 상사는 일머리 측면에서 내 주특기를 살피고 말한다. "당신은 목표의식과 근성이 좋아." 그의 말이 정곡일 확률이 99%이다. 나라는 사람을 그만큼 심층으로 꿰뚫어 본 것이다. 나에게 내준 과제의 해결에 대하여 3D로 돌려서 다방면에서 내가 되어 판단한 것이다. 독종 상사는 갑각류에 가깝다. 겉은 냉정하고 두껍지만, 감성이 풍부하고 이해력이 우수한 경우가 많다.

독종 상사가 일하는 스타일의 예제이다.

독종팀장: "(오늘은 김 대리에게 지독한 수금 방법을 전수해 보자) 김 대리, 선급금이 오늘이 기한인데 왜 안 들어왔지? 공사 중지 요청서를 공문으로 작성해."

김 대리: "네? 팀장님, 대기업 고객을 상대로 그건 너무 과합니다. 고객의 양해로 이미 시공이 선투입된 마당에, 공문을 보내면 우리 편의를 봐주었던 담당자들이 다칩니다. 영업담당인 제 입장도 곤란해지고요. 차라리 윗선께 전화 한 통 해주십시오."

독종팀장: "일단 작성해 봐. 수신자는 대표이사로 하고, 우리 법무팀장이 보낸 것으로 작성해. 그럼 자네가 다칠 일이 없지 않은가? 그리고 그들에게 카톡으로 슬쩍 흘려봐. 이렇게 법무팀에서 어쩔 수 없이 보내려고 한다고. 그리고, 입금해달라고 해봐~"

김 대리: "(한 시간 후) 팀장님, 뜻밖에, 고객 측에서 선급금을 내일까지 지급하

겠다고 합니다."

독종팀장: "그래? 그럼 그것을 공문으로 달라고 해봐. 지급확약서 형태로."

김 대리: "대기업이 공문을 그렇게 쉽게 줄까요? 내일 돈을 받으면 그만 아닐까요?"

독종팀장: "일단 해봐. 그렇지 않으면 우리 법무팀을 이해시킬 명분이 없다고 해."

김 대리: "(한 시간 후) 고객으로부터 지급확약서 받았습니다. 내용도 소상히 적혀있습니다. 1월 4일 계약했고 1월 31일이 지급일인데, 다른 사유로 인해 부득이 내일(2월 1일)까지 지급하겠다고 합니다."

독종팀장: "그렇지. 김 대리, 일은 먼저 공격해야 '지급확약서'와 '수금'이라는 성과가 나오는 거야. 우린 정당한 요구를 했어. 오늘 아침 뉴스에 그 기업 앞에서 협력사가 미지급금 문제로 데모하는 장면이 나왔지. 우리와 상관없지만 고객의 눈엣가시가 우리에게는 이로운 점이라는 거야. 우리가 이런 법적 공방 상태에 있는 고객에게 공문을 보내며 부채질한다면 더욱 힘들 것 아닌가? 그래서, 공문 수신에 대표이사를 넣으라고 한 거야. 덕분에 우리는 공문을 보내지 않고도 일을 깔끔하게 마무리했지 않은가."

예제를 보듯이, 상사가 즉시 해결할 일을 나에게 던지는 경우가 있다. '이걸 왜 힘들게 나보고 하라는 거야?'라고 느낀다면, 하기 싫은 일을 전가하는 것이 아니라 '나를 성장시키고 있는 것은 아닐까?'라고 생각해 볼 필요도 있다. 지독한 상사와의 만남에서 그 끝은 성과가 남기 마련이다. 시간이 지난 후 내가 실현한 성과의 훈장들이 표독스럽던 그의 이미지를 선하게 돌려놓는다. 독한 상사로 인해 어느새 내 임무의 성장판이 훌쩍 발전했음을 인식하게 된다. 이런 지독한 선배가 있다면 순환보직을 신청해 보는 것도 인생에 도움이 될 것이다.

2 준비된 자는 위기를 기회로 만든다

직장생활은 길고 다양한 변수가 존재한다. 특히 회사의 실적커브가 갑자기 곤두박질하거나 큰 안전사고가 난다든지, 새로운 임원들이 대거 영입된다든지 하는 경우이다. 특히 위기가 있는 곳에는 항상 기회가 있다. 위기를 피하려 하기보다는 정면으로 맞서는 것도 인생에서 다시 얻지 못할 소중한 경험이 될 수 있다. 젊을 때 고생을 사서 한다는 것도 같은 의미이다.

필자도 직장에서 커다란 기회와 위기가 있었다. 기회는 생산에서 영업관리로 가야 하는 것이었고, 위기는 영업관리에서 다시 생산으로 간 경우다. 나는 생산관리로 직장생활을 시작했다. 몇 년을 험난한 공장에서 굴러다니다 보니, 고난의 연속이었다. 솔직히 워라벨은커녕 월간 OT(특근 잔업)가 100시간을 초과해 내 개인 시간이 전혀 없었다. 그래서 언젠가는 본사로 가겠다는 준비를 많이 했다. 틈틈이 어학 점수를 올려놨고, 마케팅 공부를 해서 사내 발표도 했다.

“자네, 영업팀에서 한번 일해보지 않겠나? 내가 보기에는 영업에 오기 위해서 준비를 많이 한 것 같은데?”

노력의 결과로 그런 점이 영업팀장의 눈에 들었고, 천신만고 끝에 제조의 담벼락을 넘을 수 있었다. 때마침 영업팀의 숫자 경영에 능통한 관리자가 필요했고, 적합한 사람으로 지목된 것이다. 회사에서 촉망받는 인재로 발탁, 단숨에 그레이→ 화이트컬러로 순환보직을 했다. 영업팀에서는 회의를 정예화하고 CRM(Customer Relationship Management: 고객관계관리)을 론칭하여 영업담당자가 보다 과학적인 영업을 할 수 있도록 시스템화하였다. 그렇게 3년이 지났다.

위기가 노크를 했다. 인사팀장이 찾았다.

“신규공장에 마땅한 관리자가 없어서 문제야. 손실이 월 10억씩 나고 있어. 공장을 관리하면서 영업과 소통할 인재가 필요하네. 회사는 두 개의 직무가 준비된 자네가 가장 적합하다고 보고 있어. 자네 의견은 어떤가?”

나는 선뜻 답할 수 없었다. 어떻게 탈출했는데, 생산이라는 호랑이 입에 자진해서 다시 들어가라니? 한참 침묵이 흘렀다. “네, 알겠습니다. 제가 한번 해보겠습니다.” 이내 곧바로 짐 싸서 음성에 있는 공장으로 갔다. 도착해보니 영업은 수주가 넘치는데 각종 관리시스템이 초기 단계였다. Q(품질), C(원가), D(납기) 어느 것 하나 어려운 상황이었다. 공장은 고객의 질타의 대상이었다. 그도 그럴 것이 국산화를 명분으로 일본 제품 대신 우리 제품을 넣어준 담당 고객이 있었는데, 우리 제품이 품질과 납기가 제대로 지켜지지 않으면서 내부에 일제를 선호하는 기득권 세력에게 대립할 명분이 없기 때문이었다. 파이프에 동시에 여러 군데 구멍이 나서 물이 걷잡을 수 없이 새어 나오면 당황해서 허둥거리게 된다. 그것이 내가 그때 본 공장의 모습이었다.

공장의 위기도 나에게는 기회였을까? 그렇다. 결론적으로 나는 2년 만에 공장을 깔끔하게 셋업하고, 그 공로로 1직급 특진과 함께 공장장(생산책임)에 부임했다. 정말이지 2년간 하루 4시간 이상 잔 적이 없다. 이후 차기 공장장에게 인수인계하고 짐을 챙기다가, 문득 공장 밖에 있는 누런 벼가 바람에 가르마를 타는 웅장한 석양의 모습을 봤다. 처음 보는 광경이었다. 눈물이 주르륵 흘렀다. 하도 일에 매진하다 보니 2년간 밖을 쳐다볼 시간이 없었기 때문이다.

위기의 공장은 내 경력의 배지 중 공장장을 안겨준 기회의 장소였다. 만일 영업에만 안주했다면, 이후 절대 기획, 인사에 가지 못했을 것이고, 영업임원을 할 수도 없었을 것이다. 위기는 곧 기회라는 마음가짐으로 우리는 언제나 준비되어 있어야 한다. 회사도 내 마음을 안다. 누구도 가기 싫고 가서는 안 된다는 곳에 선뜻 나서는 인재. 그를 보면서 회사는 두고두고 보상한다. 만일 도전했는데 실패했어도 의지와 경력이 남는 것이다.

3 노마지지(老馬之智), 겸손한 경험은 늙지 않는다

노마지지는 《한비자》에 나오는 고사성어로 늙은 말의 지혜라는 의미이다. 중국의 제나라 왕 환공(桓公)은 고죽국을 정벌하러 갔다가, 혹한에 길을 잃고 말았다. 전군이 위기에 처했을 때 재상인 관중(管仲)이 "늙은 말을 풀어 그 뒤를 좇아가라."라고 하여 전군이 그 뒤를 좇아감으로써 큰길을 찾고 위기를 극복했다는 고사에 의한다. 노마지지는 '경험을 쌓은 사람이 갖춘 지혜'를 의미한다.

경험은 결코 늙지 않는다. 하지만 겸손을 바탕으로 해야 한다. 경험은 겸손해야 늙지 않는다. 경험 속에 겸손이 없으면, '꼰구라(꼰대-구식-라떼는)'로 이어지는 것이다. 사람은 나이가 들어도 얼마든지 경험할 기회가 있다.

독일에서 진행되는 프로젝트에 인력 채용을 진행 중인 김 대리에게 팀장이 라떼를 시전한다.

Bad

자신의 옛날 옛적의 경험만 가지고 소리치는 팀장의 모습이다.

팀장: "A프로젝트 말이야, 내가 그럴 줄 알았어. 20년 전에 내가 유럽에서 경험한 바로는 말이야. (30분간 주절주절. 중략) 그들의 근로기준법 자체가 인권 보호를 엄청나게 하기 때문에 절대 함부

로 접근해서는 안 돼. 김 대리, 잘 살펴봐. 괜히 엄한 곳에서 일 터지게 만들지 말고. 알았지?"

팀원: "(뭔 개소리? 라떼 시전? 내가 하던 일이나 하자) 네, 알겠습니다."

이렇게 무려 한 시간 동안 경험을 토대로 말하는 팀장의 지시는 두서도 없지만 특히 겸손함이 없기에 '꼰구라'로 끝난다. 김 대리는 뭘 하라는 것인지 모르고 자신의 업무에 집중할 것이다.

Good

팀장도 새롭게 공부해서 핵심만 언급하고 피드백을 요청해야 한다.

팀장: "독일에서 진행하는 A프로젝트는, 인력의 채용이 중요합니다. 내 경험상 독일은 노동법 근간이 70년 이상 유지되는 곳입니다. 또한 근래 '0시간 근로계약제' 등 '근로시간 계좌제'에 대한 독일 내 근로기준법의 규정을 리뷰할 필요가 있어요. 김 대리가 주요 쟁점을 정리해서 수요일 아침 9시에 봅시다."

팀원: "(오, 공부를 하셨군. 제대로 준비해야겠어) 네, 알겠습니다."

첫 경험은 새롭고 설렐 만큼 짜릿하다. 경험을 하게 된다는 것은 버킷리스트를 하나씩 성취하는 것과 같다. 그래서 한 살이라도 젊을 때 경험을 많이 하는 것이 좋다. 직장에서도 마찬가지이다. 직장에서의 경험은 직무를 넘나드는 순환보직, TFT 활동, 기피 업무 등을 의미한다. "거기로 가면 끝이야."라는 곳이다. 하지만, 험악한 곳에도 사람이 살아가고, 배울 만한 멘토가 있으며, 험준한 곳에서 두각을 나타내면 몇 배 인정받는다. 고수가 되어 재야에 나온다.

경남 거창고의 직업 선택 10계명에도 나온다. "내가 갈 곳은 급여가 낮은 곳, 날 원하는 곳, 승진 X, 황무지, 아무도 가지 않는 곳, 장래성 Zero, 사회적 존경 부재 자리, 가장자리, 결사반대 자리, 단두대로 가라" 10곳을 의미한다. 요즘에 누가 이런 곳에 가겠는가? 하지만, 경험은 이런 곳에서 제대로 느껴볼 수 있다. 지금같이 편하게 성장하면 탄탄대로로 나아갈 것으로 느껴지지만, 언젠가 위기가 오면 면역력과 극복 능력이 현저히 떨어져 멘탈까지 소진된다. 경험은 평정심을 유지시킨다. 그것보다 더 극한상황과 마주했기 때문이다.

인천상륙작전을 펼친 미국의 군인이자 정치가인 맥아더 장군은 1951년 유엔사령관직을 퇴임하며 "노병은 죽지 않는다. 다만 사라질 뿐."이라는 말을 남겼다. 죽지 않고 사라진다는 은유의 표현은, '나는 퇴직하지만 그래도 남긴 공적은 죽지 않는다'로도 볼 수 있고, 혹은 '나는 죽지는 않으면서 세월의 순리에 맞춰 헌신하겠다'라고 생각할 수도 있다. 필자는 후자라고 본다. 경험 속에 겸손이 담긴 명언인 것이다.

12

철중쟁쟁(鐵中錚錚) 나를 차별화하는 브랜드전략

1 전문가로 성장하는 법. 희소가치 자격증과 학력

일반인 중에서 가장 비범한 사람이란 뜻이 철중쟁쟁(鐵中錚錚)이다. 비범한 사람이 되려면 내가 힘을 가져야 한다. 그 힘은 남이 없는 것을 보유할 때 생긴다. 예를 들어, 영화 〈어벤저스〉에 나오는 지상 최대의 빌런 타노스는 '건틀렛'이라는 무기를 보유했다. 현재 직장 내에서 내가 가진 '건틀렛'은 무얼까?

대기업의 벽면에 붙어있는 뒷줄(팀장 이상의 자리)을 보자. 곧 나갈 것 같지만 굳건히 버티는 사람들이다. 살펴보면 그들은 모두 자신만의 무기가 장착되어 있다. 특히, 대기업의 경우 명함을 받으면 '사'자인 경우가 많다. 박사, 기술사, 회계사, 건축사, 변리사, 변호사까지 대다수가 전문자격을 보유했다. 팀장들이 이러하니 임원들은 더 하다.

필자가 고객 일선의 팀장과 임원들에게 질문한다.

필자: "팀장님, 세무사이신데 정말 대단하십니다. 직장에 다니면서 자격증을 취득했다면서요? 제가 보건대 자격증이 없어도 전문지식을 보유했기에 직장생활에 전혀 문제가 없으실 텐데요?"

팀장: "제가 왜 전문자격을 땄냐고요? 업무에 대한 전문성을 나타내는 데에는 자격증이 최고죠. 그리고, 혹시 모를 향후 대비도 해야 하고요. 직장을 관두어도 짱짱하게 살아남아야 하지 않겠습니까?"

아이러니하게도 전문가들은 퇴직 후 창업보다는 대부분 이직한다. 창업보다는 직장생활이 편하면서도 자기 시간도 많고 직장 동료로부터 얻는 정보가 많기 때문이다. 전직 회사의 입장에서도 전문가를 영입함으로써 능력과 자격 활용 등 가치 창출이 즉시 가능하기 때문에 선호한다. 그렇다면, 그들은 언제 자격증을 취득했을까? 대부분은 회사를 다니면서 취득했다. 그 바쁜 여건을 뚫고 공부해서 자격을 얻은 것이다. 《삼국지》에서 조조가 이런 말을 했다. "세상이 나를 버리기 전에 내가 세상을 버리겠다." 회사 내 전문자격을 갖춘 사람들도 동일한 말을 한다. "회사가 나를 버려도 나는 살아남는다." 하지만 결국 보유한 자격증이 회사를 더 오랫동안 머무를 수 있도록 해 준다.

자격증 취득을 원한다면, 가급적 희소가치가 있는 것의 선택이 필요하다.

근래 NFT(Non-Fungible Token: 대체불가능 토큰으로서 희소성을 가진 디지털 자산)에 대한 MZ세대의 투자가 늘고 있다. 미술품 등의 조각 투자 및 매각 후 시세차익을 얻는 것이다. 물론, 재화는 블록체인이 이용된다. 조각 투자는 소액 투자의 매력도 있지만 초기 단계의 시장 선점을 원하는 사업자가 늘고 있다. 부지불식간에 블록체인 및 가상자산에 관한 사업이 가지를 뻗고 있는 것이다. 이처럼 4차 산업혁명에 걸맞은 신종 직업은 'NFT 아트에이전트', '메타버스 크리에이터', '스마트안전관리사' 등이 있다. 사업은 투자자가 있으면 관리자도 필요하며, 그 자격을 갖출 수 있도록 자격증도 파생된다. 국제 자격증인 NFT관리사(CNM)와 메타버스관리사(CMM)를 준비하는 수험생도 점점 증가하고 있다. 이제는 미래에 어떤 자격증이 유망할 것인지를 잘 보고 선택과 집중하여 취득해야 한다.

또 하나의 무기는 학력 보유이다. 희소성을 가진 직장인이 되기 위해서는 정식으로 공부할 것을 권한다. 이유는 성장할수록 내 역량보다 더 가혹한 난제들이 파생되기 때문이다. 조직은 시간이 없는 나에게 고도 역량의 일을 요구하는데, 일하려면 역량이 부족하고, 역량을 강화하려면 시간이 없는 '일-역량-시간'의 삼각관계에 내가 놓여진다. 자칫 악순환의 고리에 얽매이게 된다.

배움에는 끝이 없기에 직장과 학교의 병행을 권한다. 야간대학, 독학

사, 디지털대학, 통신대학 등 불문한다. 필자도 회사를 다니면서 석사와 박사를 마쳤다. 새로운 것을 배우며 새롭게 써먹을 수 있고, 직장은 새로운 시각을 가진 자를 선호하기에 유리하다.

2 국대는 국대. 평범한 선수보다 탁월한 비법

2022년에 진행된 MBN의 〈국대는 국대다〉는 과거의 스포츠 레전드가 은퇴 후 현역선수와 대결하는 프로그램이다. 한국 유도 그랜드슬래머 아테네올림픽 금메달리스트 이원희 편에서는 현 국가대표 김대현과의 대결이 펼쳐졌다. 이원희는 41세, 김대현은 20세로 무려 21살의 차이가 난다. 경기 30초 만에 김대현이 안뒤축후리기로 절반을 먼저 얻고, 이후 경기가 지속될수록 이원희는 힘이 빠진 모습이 역력했다. 체력한계에 도달한 이원희가 허벅다리-밭다리와 배대뒤치기를 연속했지만 점수를 따내지 못했다. 그러나, 이원희는 30초를 남기고 '밭다리후리기'로 한판승을 거둔다. 한판승의 사나이가 돌아왔다. 파리올림픽을 준비하는 그가 포효한다. "올림픽에 나가도 그냥 참가로 끝날 수는 없다. 올림픽 2연패를 이룬 일본 오노 쇼헤이를 꺾고 금메달을 따겠다." 국대는 영원히 국대다.

프로그램은 이원희뿐만 아니라 현정화, 심권호, 남현희 등 레전드들이 출연하여 왜 그들이 세계무대에 나설 수 있었고 재패할 수 있었는지를 조명해 준다. 물론 한두 달 만에 몸을 만들어 현역선수를 상대한다는 것은 불가능에 가깝다는 여론 비판도 있었다. 하지만 평범한 선수보다 탁월했던 그들만의 비결과 능력이 결코 나이와 은퇴에 가려지지 않는 다는 점만은 우리가 배워야 한다.

탁구 레전드 현정화와 세계 랭킹 8위 서효원과의 대결 전에 설전을 한다.

서효원: "누구에게 물어봐도 현역인 제가 이기죠."

현정화: "내가 현역을 이기면 내가 국대가 되어야 하는 것 아닌가?"

서효원: "현정화 감독님이 제 서브를 못 받으실 텐데요."

현정화: "현역 시절 수비형 선수에게 진 적이 단 한 번도 없어. 나한테 지고 울지 마라."

물론 현정화가 이기면 장학금이 주어지는 설정이 있으므로, 서효원이 봐주었을 수는 있으나 결과는 현정화가 세트 스코어 2대 0으로 완승했다. 스포츠는 자체가 드라마이다.

그들은 어떻게 탁월할 수 있을까? 자신만의 특기를 보유하고 있다. 세계에서 아무도 이길 수 없는 특기를 가지고 있는 것이다. 요즘에는 특기가 하나만으로는 부족하다. 특기가 세 개이면 전략이 3개가 아니라, 3의 제곱으로 전략 수가 9배로 늘어난다. 미국 MLB에서 활약 중인 오타니 쇼헤이의 투구 전략을 보면, 직구, 슬라이더, 커터, 체인지업, 커브를 다양하게 섞어서 던진다. 특히 스위퍼(Sweep: 변종 슬라이더)의 개발로 위력이 가중되었다. 던지는 속도도 강약을 조율한다. 즉, 타자를 요리할 소재가 다양한 것이다. 상대는 그만큼 변수에 대한 대비를 해야 하고, 공격 시간은 늦춰질 수밖에 없다. 직장에서도 직무별로 견적, 도면, 제작, 시공 등을 나누어 진행하는데 반해, 혼자서 도면치고 견적 만들고, 제작과 시공사를 한자리에서 미팅하고, 카피를 만들면서 기안을 내는 다재능의 인재들이 있다. 그들이 급여를 더 받는 것은 당연하다.

3 경묘탈쇄(輕妙脫灑), 연봉보다는 브랜드 가치를 선택

경쾌 미묘하면서 용모가 뛰어난 것을 일컫는 말이 경묘탈쇄이다. 요즘 시대에는 내 브랜드는 경묘탈쇄와 같아야 한다. 묘한 매력이 필요한 것이다. 용모와 내면 모두 마찬가지이다. 나만의 헤어스타일, 옷, 구두, 액세서리, 가방, 향수 등 캐릭터가 필요하다. 상대방의 입장에서는 내가 멋지고 매력적일수록 신뢰를 갖는다. 내면도 마찬가지이다. 예를 들어, 내가 보내준 자료에 상대는 '아, 특별히 날 위해서 이렇게 신경을 써 주었구나', '뜻밖으로 아이디어에 정성을 많이 쏟았네' 내지 '다음에는 정식으로 뭔가(혹은 다른 것도) 맡겨 볼까?'라고 느낄 정도가 되어야 한다. 내면에 묘한 매력이 느껴져야 한다. 그것이 내 브랜드 가치가 된다.

몇 년 전 필자의 후배가 찾아왔다. 건실한 중견기업의 직장에서 퇴직

한다고 했다. 두 가지 이직의 방향을 놓고 내 견해를 묻는다. A회사는 관공서이고, B회사는 중소기업이다. 모두 면접까지 봤고 출근이 가능한 상황이었다.

필자: "근래 면접을 봤다면서? 어떻게 됐어?"

후배: "형도 알다시피 A사는 굴지의 관공서인데, 계약직 2년이에요. 업무도 내 경력과 맞고 연봉도 상당히 좋고요. 그런데 계약직이라는 것이 마음에 걸려요."

필자: "그럼 B회사는 어떤데?"

후배: "B회사는 전 직장 대비 규모가 작아서 그런지, 우대를 받아서 직급도 올라가면서 팀장이 됩니다. 제 경력과 무관한 직무를 수행한다는 단점이 있는데, 연봉도 많이 줍니다."

필자: "으흠. 글쎄. 나는 A회사를 갔으면 해. B회사는 중소기업인데다가 다른 직무를 수행하면 경력에 단절이 생길 수도 있지."

후배: "그렇지만 A회사는 계약직이잖아요?"

필자: "그래, 2년의 기간이 있지만 관공서는 연장도 가능하고, 무엇보다도 브랜드 가치가 올라가잖아. A회사에 근무했다는 것 자체가 그만큼의 수평적인 대기업에도 갈 수 있다는 포지셔닝을 확보하는 것이지."

후배는 필자의 말대로 결국 A회사를 선택했다. 지금도 잘 다니고 있고, 업계에 이름이 알려지면서 이제는 대기업에서 자주 헤드헌팅의 대상이 된다. 을에서 갑의 위치가 되어 초이스의 권리를 보유하게 된 것이다. 회사를 처음 선택하거나 이직할 때, 다닐수록 내 브랜드가 커질 수 있는 회사가 나에게 유리하다. 인사담당자는 때로는 직급과 연봉의 잣대를 이용하고 조율하면서 채용자를 붙잡는다. 하지만 채용자 입장에서는 한 가지를 더 봐야 한다. 향후 내 브랜드의 가치가 어디가 더 빛날 수 있는가를 봐야 한다. 나 혼자서는 내 브랜드를 끌어 올릴 수 없다. 내가 아무리 특출나도 회사에서 나오는 순간 나의 화려한 브랜드의 조명이 꺼지기 쉽다. 회사의 후광이 나에게 직접적인 영향력을 행사했기 때문이다. 회사의 브랜드가 곧 나의 브랜드가 된다.

13

공격적이지 않으면서 단호한 나를 표현

1 말 한마디도 온도감 있게

팀원에게 반말을 일삼는 팀장이 있다. 물론 팀장의 나이도 있고, 팀원들과 친근한 교감의 차원에서 그럴 수도 있다. 하지만, 그의 말투는 팀원들이 치를 떨 정도이다. 우선 "야", "인마", "길동아" 등 호칭이 문제이다. "야"라고 외치면, 팀원들이 전부 긴장해서 팀장을 바라볼 정도다. 팀원들은 매일 팀장의 반말에 주눅이 들어있다. 이런 팀장은 팀원을 질책할 때는 "당신"이라는 호칭을 자주 사용한다.

Bad

공장에 부자재 발주를 확인하는 팀장과 팀원의 대화 예제이다.

팀장: "당신, A부자재 난징공장에 미리 발주를 주라고 했어? 안 했어?"

팀원: "네, 팀장님. 어제 말씀하시자마자 곧바로 발주했습니다."

팀장: "내가 지시한 게 언젠데, 어제 발주를 해? 당신 이게 최선이야?"

팀원: "어제 지시를 하셨습니다. 여기 제가 노트에 적..어.."

팀장: "아이 몰라. 공장 스톱되면 당신이 책임져. 일을 시원시원하게 해야지."

Good

이렇게 대화하면 어떨까?

팀장: "김 대리, A부자재 난징공장에 발주했나요?"

팀원: "네, 팀장님. 어제 말씀하시자마자 즉시 발주했습니다."

팀장: "내가 지시가 늦었군요. 자칫하면 공장이 라인스톱 될 수도 있겠는데요?"

팀원: "네, 최대한 입고일을 당겨보도록 노력하겠습니다."

팀장: "김 대리, 그럽시다. 나도 윗선에 얘기할게요. 서둘러서 진행합시다."

대화는 따뜻하게 하자. 따뜻함 속에 의지와 열정이 살아나는 법이다.

김범준 작가의 저서 《말투를 바꿨더니 관계가 찾아왔습니다》에서는 '고힘축용사'를 제시한다. 좋은 사람이 되는 방법으로 '좋은 말'을 해야 한다는 의미이다. '고힘축용사'란 "고마워요", "힘내세요", "축하해요", "용서하세요", "사랑해요"의 앞 글자이다. 참으로 소중하고 따뜻한 말이 아닐 수 없다.

"김 대리, A프로젝트 잘 브리핑해줘서 고마워."

"팀장님, 저도 적극 돕겠습니다. 이 위기를 극복하시죠. 힘내십시오."

"정 차장, 축하합니다. 덕분에 우리가 입찰을 따냈어요."

"강 과장, 미안해. 내가 부족했어. 용서하고 가슴에 담지 마시게."

"내년에도 잘해 봅시다. 여러분 사랑합니다."

MBC에서 방영되는 〈오은영 리포트-결혼 지옥〉에는 종종 막말에 의해 멀어지는 부부가 나온다. 2023년 1월 30일 방송에서는 '우리 이혼할까? 우이혼 부부'가 출연했다. 남편은 공감이 없는 막말로 아내를 힘들게 했다. 가령, 아내를 키워준 조부가 편찮을 때 남편은 이렇게 말한다. "네가 간다고 뭐가 달라지냐?" 또한, 아내가 아파서 병원에 입원해야 한다고 하면 남편은 이렇게 묻는다. "진짜 또 입원하냐? 그럼 애들은. 애들은 어쩌라고?" 오은영 교수는 결국 각방을 쓰라고 주문했다. 말에 존중을 담지 않고, 멸시를 담는 사람들이 있다. 상대방은 그 말을 듣고 트라우마에 시달린다. 직장에서도 마찬가지이다. 상대방의 인격을 경멸하지 말고, 내 인격에 걸맞은 말을 해야 한다. "세 치 혀가 사람 잡는다." "곰은 쓸개 때문에 죽고, 사람은 혀 때문에 죽는다." "혀 밑에는 도끼 들었다."는 모두 말을 삼가라는 의미이다.

2 타인의 삶을 이해할 때 진짜가 나온다

"팀장님, 진짜 억울합니다. 제 말 좀 들어보세요." 뭔가 억울한 팀원이 팀장에게 하는 말이다. 그 사정은 모르겠지만, 경청해야 이유를 알게 된다. 말로 타인의 마음을 훔치기 위해서는 우선 잘 들어야 한다. 그리고 격려해야 한다. 이 원칙을 벗어나지만 않아도 이해심이 넓은 사람이 된다. 상대방의 감정에 관심을 표현하고 공감하는 것에서부터 출발하는 것은 두 개의 귀다. 잘 듣기 위해서는 그의 말에 확실하게 몰입하고 이해해야 한다. 공감하는 그 순간 상대방이 되어 있으면, 내가 말을 안 해도 소통은 완벽해진다. 대화의 마무리에는 긍정적 격려를 한마디 덧붙이면 완벽하다.

해외 현장의 난제 해결의 사례발표를 하는 포럼에서, 필자가 타 회사 A위원과 함께 공개토론을 한 적이 있다. 공감의 측면에서 예를 들어본다.

A위원이 본인이 직접 겪은 해외사례로 포문을 열었다.

위원: "저는 5년 전 중국 난징에서 매우 힘든 일을 겪었습니다. 컬러필터 라인에서 저희 박막 설비를 설치하고 완성 점검을 했고, (중략) 단신으로 남아서 AS업무를 마무리했습니다."

필자: "난징에서요?(관심) 혼자서 참으로 외로웠겠습니다."(공감)

위원: "저는 솔직히 외로움보다 제 책임감에 힘들었어요."

필자: "왜 그렇죠? 어떤 책임이 있었나요?"(몰입)

위원: "네, 잔금 10%를 수령하는 것이 제 역할이었는데, 계약조건이 펀칭리스트를 제가 해결해야 잔금을 받을 수 있었습니다. AS업무는 과중한 상태에서, 돈을 받아야 한다는 생각에 밤잠을 이룰 수 없었습니다. 고객의 요구수준은 높은데, 해결 방법은 없고, 수금은 해야 하고. 경비는 다 떨어져 가고요."

필자: "아, 참으로 힘드셨겠습니다.(공감) 현장 AS도 힘든 상황에서, 잔금 수령에 대한 본사의 독촉까지 진퇴양난이었겠군요."(이해)

(그런데, 공개된 그 석상에서 갑자기 그 위원이 감정에 북받쳐서 울먹이는 것이다.)

위원: "어떻게 그렇게 잘 아십니까?(울먹) 제가 그때 공황장애가 걸려서, 고객과 AS 미팅하는 금요일만 되면 가슴이 답답하고 숨이 찬 증세가 나타났어요. 나 참, 얼마나 힘겹던지. 내 말을 들어주는 사람은 단 한 명도 없고요.(울먹) 고객과 미팅 후에는 본사와 통화를 했는데, 숨을 못 쉬어 응급실에 간 적도 있습니다. 양쪽의 입장 차이가 너무 커서 중간에서 힘들게 지냈습니다. 하지만, 어떻게든 헤쳐 나가겠다는 의지로 결국 2개월 후 고객의 기술적 요구 수용과 수율까지 완수하고 수금과 함께 입국했습니다."

(필자도 울먹이는 상대 위원으로 인해 잠시 당황했지만, 침착하게 대응했다.)

필자: "정말 힘드셨겠습니다.(공감) 제가 위원님이었어도 그랬을 겁니다.(이해) 이런 심정을 몰라주는 본사가 정말 아쉽고 야속했겠죠.(상대방 되어보기) 그런 와중에도 미션을 수행하셨으니 참으로 대단한 사례입니다."(격려)

사례에서 보듯이 필자는 말을 별로 하지 않았다. 단지 관심→ 공감→ 몰입→ 이해→ 상대방 되기→ 격려를 했을 뿐이다. 상대측 위원과 그 이후 친구가 되었음은 물론이다. 아직도 소주 한잔 하는 자리에서는 그 공개토론장에서의 일화가 화두가 되곤 한다. 역지사지(易地思之). 상대방이 되어보는 것은 소통의 핵심 요소이다.

3 나를 낮추면 상대방은 자연히 높아진다

요즘 세상은 1초 단위로 현격하게 변한다. 로봇이 그린 그림이 7억에 NFT로 거래되는가 하면, AI가 쓴 소설이 일본 니케이 호시 신이치 문학상 공모전에 당선되는 세상이다. IT, 교육, 연구 분야의 전문가그룹 사이에서는 챗GPT가 돌풍이다. Open AI사가 2022년 12월 1일 공개한 대화 전문 인공지능 챗봇인데, 고도화된 'GPT-3.5' AI언어를 사용하며 사용자의 질문에 숙련된 답을 제공한다. 강화학습의 알고리즘으로 내장되어, 빅데이터 기반의 에세이와 논문을 작성하는 전문가의 수준이라고 한다. 특히 답변을 요구하고 지속적으로 다른 답변을 요청하면 새로운 대안을 내놓기 때문에 탁월한 진화프로그램이 아닐 수 없다. 과제를 제출해야 하는 입장에서는 득이지만, 저작권 침해 및 악성 콘텐츠 생성에 악영향도 우려된다. MS사에서는 새로운 투자계획을 제시하면서, 챗GPT의 기능을 추가한다는 방침을 내놓았다. 아무튼 이제는 로봇에게도 겸손해야 하는 세상이다.

로봇이 이러한데 사람은 어떨까? MZ은 상위로부터 별로 배울 것이 없는 최초의 세대라고 한다. '오프라인'의 베이비부머, '온-오프라인 전환 시대'의 X, Y세대가 있었다면, 현재의 MZ세대는 '디지털 네이티브'로 기존 세대와는 다른 형태의 생활방식을 보유한다. 이런 변모하는 세상 속에서 선배는 MZ에게 경험을 앞세우기보다는 우선 겸손해야 한다. 현재 의사결정에 인생 선배의 말은 시류에 맞지 않고 도움도 안 되는 경우가 허다하다. 선배의 인생에는 전혀 없던 것이, MZ의 현생에 진행 중이기 때문이다. 그래서 선배는 "내 말은 참조만 해."라고 자진해서 겸손해야 한다. 그러면 후배들이 그 경험을 인정하고 동감할 것이다. 경험은 역사 반복(Reiteration of history)의 통계학상 참조의 대상이지, 정론과 정답은 될 수 없다.

다음 사례는 회사합병에 따른 양사 간 주식스왑을 진행하는 기획실 팀장과 팀원의 대화이다.

Bad

팀장은 자신의 오랜 경험을 앞세워 질문을 퍼붓는다.

팀장: "김 대리, 뭐해? 엉? 고객사에 주식 투자 의향 관련 NDA(비밀유지계약서) 보냈어?"

팀원: "네? 아직 처리를 못 했습니다. 그게 고객이 STO(증권거래형 토큰)도 함께 NDA상 검토해달라고 요청이 와서요."

팀장: "뭐라고? 인마. 엉? 나 때에는 날아다녔어. 팩스 보내면서 매도 계약도 하면서. 엉?"

팀원: "(라떼 말고, 공부 좀 하시지) 팀장님, 사실 STO NDA가 금융적 특수성이 있어서, 법무팀과 협의하고 보내야 해서요."

팀장: "뭔 특수성. 엉? NDA 표준으로 그냥 보내라니까. 왜 말귀를 못 알아들어?"

팀원: "(가르치면서 보고해야 하나?) 네, 팀장님. NDA상 제한 규정, 비밀유지기한, 준거법이 고객사와 상호 이견이 있습니다."

팀장: "그건 인마. 엉? 그럼 간단하게 고객사에다가 역으로 NDA 안건을 달라고 해."

팀원: "(확실하게 말해야지) 팀장님, STO는 장외거래 제한 규정, 조각 투자에 대한 제한 규정을 법무팀이 금융위에 정식으로 문의하고 결정해야 한다고 합니다. 그러고 나서 고객의 의견을 듣는 것이 합리적입니다."

팀장: "김 대리, 뭐라고? 장외거래? 조각 투자? 그게 다 뭔데? 뭐가 그렇게 복잡하냐? @_@?"

이런 상황에서 팀장의 경험은 무의미하다. 팀장이 팩스를 보내며 날아다니던 시절에는 STO도, 금융위의 정책, 조각 투자도 없었기 때문이다. 팀장은 이렇게 대응해야 한다.

Good

팀장이 모르는 것은 팀원에게 물어보면 된다.

팀장: “김 대리, 고객사에 주식 투자 의향 관련 NDA는 보냈나요?”

팀원: “아직 처리를 못 했습니다. 고객이 STO(증권거래형 토큰)도 NDA상 검토해달라고 해서요.”

팀장: “(뭐지? 내가 모르는 분야네) 그래요? STO의 NDA 검토에 따른 송부가 미진행된 사항을 자세히 얘기해 줄래요?”

팀원: “네, 팀장님. NDA상 제한 규정, 비밀유지기한, 준거법이 고객사와 상호 이견이 있는데, 구체적으로는 장외거래 및 조각 투자에 대한 제한 규정을 법무팀이 금융위에 정식으로 문의하고 결정해야 한다고 합니다.”

팀장: “그럼 법무팀 결정이 얼마나 걸리나요?”

팀원: “네, 금주 수요일까지 정리된다고 합니다. 송부 전에 보고드리겠습니다.”

팀장: “그래요. 그리고, 나도 STO 공부 좀 해야겠네. 자본시장법 변경 관련 자료가 있으면 공유 좀 해주세요.”

팀원: “네, 팀장님. 바로 보내드리겠습니다.”

요즘에는 ‘360도 학습’이라고 할 정도로, 전후좌우 배울 점이 많다. 나 자신을 낮추면 지식의 습득과 함께 상대방을 돋보이게 할 수 있다. 말 한마디가 천 냥의 지식을 얻는 것이다.

14

선즉제인(先則制人) 선수를 쳐서 균형을 확보한다

1 내 선을 말해주기, 무색무채로 화내기

예제 1

팀장: "불가능이 어디 있어? 월급 받고 일하는데. 당장 처리해."

팀원: "(침묵) 네? 알겠습니다."(침울)

예제 2

팀장: "이번 주 토요일에 스케줄 있나? 나랑 함께 등산 갈까?"

팀원: "(침묵) 네? 알겠습니다."(침울)

예제 3

동료: "어이, 동기. 이것 좀 간단하게 정리해줘. 바빠 미치겠어."

나: "(침묵) 어? 내가?"(침울)

직장에서 흔히 겪는 모습이다. 철벽을 치면 좋겠지만, 상사나 동료의 관계를 생각하며 할 수 없이 받아들인다. 근래에는 기업에서 직장윤리상 성추행과 갑질문화 근절에 대하여 철저히 교육한다. 특히 임원과 팀장급은 교육의 필수대상이다. 직책의 위계를 이용한 갑질이 은연중에 괴롭힘이 되는 것이다. 소규모 조직의 경우에는 아직도 이런 갑질의 대화를 경험한다. 대놓고 막말하는 것보다는, 나름 논리를 가진 교묘한 갑질의 언어가 더 문제다.

예제 1, 2, 3을 통하여 선 긋는 연습을 해보자.

예제 1. 업무 선 긋기

팀장: "불가능이 어디 있어? 월급 받고 일하는데. B프로젝트 기안 오늘 당장 처리해."

팀원: "지금 3시이고 고객 미팅이 4시입니다. 우선 지시한 A견적만 끝내고, B는 내일…"

팀장: "안 돼. 오늘 다 해놔. 갔다 와서 해. 알았어?"

팀원: "그럼, A프로젝트 견적이 부득이 늦어집니다. 대신 A는 내일 할까요?"(선 긋기)

팀장: "그게 무슨 말이야? A견적이 우선이지. 그리고 B기안도 진행해. 오늘

까지."

팀원: "그럼 A, B를 오늘 할게요. 하는 수 없이 고객 미팅은 양해를 구하겠습니다."(선 긋기)

팀장: "뭐? 고객이 누군데?"

팀원: "계약 성사를 본부장님이 지시했던, C프로젝트 결정권자 차 부장입니다."(선 긋기)

팀장: "뭐? 뭔 소리야? 거긴 가야지. 중요한 고객인데."

팀원: "그럼, 할 수 없군요. 제 시간이 도저히 안 되니까 팀장님께서 다녀오십시오."(선 긋기)

부모와 자식 간에도 상호 넘지 말아야 할 선이 있다. 하물며 서로 남남인데 선을 지키지 않는 것은 대단한 실례이다. 내 선을 만들자. 그 선을 넘으면 경고하는 것이다. 단, 무조건 불가를 외치면 안 되고, 어쩔 수 없는 상황을 만들어 제시해야 한다. 목적과 근거, 때에 따라서는 개인사까지 얘기하라. 그 이상을 넘으면 그건 괴롭힘과 갑질에 해당한다. 선 긋기를 할 때는 곰 같은 여우가 되어야 한다. 우직하게 논리로 일관하지만 머리는 비상하게 돌려야 한다. 내가 한번 선을 그어 놓으면 다음에는 상대도 그 선을 넘지 않는다. 처음부터 매몰차게 해보자.

예제 2. 개인사 선 긋기

팀장: "이번 주 토요일에 스케줄 있나? 나랑 함께 등산 갈까?"

팀원: ~~"네, 다음에 가겠습니다."~~(오답: 목적이 없어서, 다음에 또 함께 가자고

한다)

팀원: "네, 당분간 피트니스 예약이 되어 있습니다."(선 긋기-목적 설명)

팀장: "그거, 다음주로 미루면 되잖아. 어차피 등산도 운동인데, 뭐 하러 돈을 내?"

팀원: ~~"네? 그래도.. 피트니스는 돈 냈는데 해야죠."~~(오답: 근거가 없어서 걸고 넘어진다)

팀원: "여친과 동반PT 약속되어 있습니다."(선 긋기-근거 설명)

팀장: "그래도 그렇지. 다음에 해. 나랑 갑시다. 내가 하산 후 점심 살게."

팀원: ~~"안 됩니다. 절대 안 됩니다."~~(오답: 상사가 삐질 수 있다)

팀원: "저도 결혼해야죠. 그럼, 사모님과 가십시오."(선 긋기-개인사)

이렇게 막무가내인 상사에게는 공격의 태세를 갖추고 있어야 한다. 피하면 그만이 아니다. 가족보다도 많은 시간을 보내는 곳이 직장이다. 내가 잠시 편하고자 선을 긋지 않으면 상대방이 긋고자 하는 선에 내가 오히려 매달릴 수밖에 없다. 내가 논리의 선을 긋고 말한 후 상대방의 반응을 기다리자. 내 선은 초기에 단번에 정리할 필요가 있다. 시간의 노예가 되지 말고, 눈 질끈 감고 당당하게 말하자.

예제 3. 업무 협조 선 긋기

동기: "어이, 동기. 이것 좀 간단하게 정리해줘. 바빠 미치겠어."

나: "뭔데, 무슨 문제인데?"(오답: 오지랖으로 인해 일이 추가된다)

나: "그래? 나도 바빠. 안 되겠는데? 왜?"(선 긋기-우선 거절)

동기: "나 컨퍼런스A 준비해야 해서, 네가 이것 좀 요약해줘. 너 정리 잘하잖아?"

나: "내가 정리는 좀 하지. 그런데, 나도 힘든데…"(오답: 우쭐함은 상대에게 여지를 준다)

나: "정리는 무슨. 나도 컨퍼런스B 준비해야 해. 각자도생하자."(선 긋기-상황 설명)

동기: "아이 좀 해주라. 동기 좋다는 게 뭐냐?"

나: "얼마나 해야 하는데?"(오답: 상대방의 문제에 관심 가질 필요 없다)

나: "그래 그럼 네가 내 견적 건을 정리해주는 조건으로. 콜?"(선 긋기-역제안)

직장 동료와도 마찬가지이다. 업무 협조를 핑계로 자신의 일을 나에게 넘기려고 하는 동료가 있다면 정신을 바짝 차리고 초기에 선을 그어야 한다. 넋 놓고 있다가는 엄한 일을 떠안기 쉽다. 상대 제안에 솔깃할 필요 없이, 우선 '거절→ 상황 설명→ 역제안'으로 빠져나가야 한다. 직장 내에서는 협조문으로 상대에게 요청한 뒤에 마치 채권자처럼 군림하는 동료도 있다. 협조 내용이 기한 내 마칠 수 없거나, 내 업무를 방해하는 가치 없는 업무는 오피셜하게 대응하자. 답변 문서로 상대에게 불가하다는 통보를 보내는 것이다.

2 할 수 없는 것은 불가하다고 말한다

"그걸 못해?", "왜 못해?", "이 정도는 해야지?" 우리가 자주 듣는 업무 지시 3종 세트이다. 질문에 하는 수 없이 긍정의 답변을 해버린다. 답변이 빚으로 변모하여 결국 시간과 노력으로 해결되는 과제가 아니라는 것을 깨우치면서 후회한다. 불가능한 과제는 할 수 없음을 말해야 한다. 과감하게 과제를 버릴 줄 아는, 미움받을 용기를 가져야 한다. 물론 불가능을 가능하게 만드는 과정에서 예기치 않은 전리품이 나오는 경우가 있다. "할 수 있다"라고 덤비는 친구는 결국 과제를 떠맡고 힘겹게 일하며 불만이 쌓인다. 소심과 비겁을 지니라는 것이 아니라, 스스로 욕심을 내려놓으라는 것이다. 결국 일에 대한 과욕이 괜찮았던 내 시간의 질서를 부숴 버린다.

직책이 팀장 정도라면 상부로부터 듣는 업무 지시 3종 세트쯤은 들어도 포커페이스가 유지된다. 업무는 팀원들에게 지시하면 되고, 자신은 조직 내 정치 행보도 필요하기 때문이다. 하지만 내 포지션은 어떤가? 조직은 참는 자를 좋아할까? 정답은 그렇지 않다. 자신을 시원하게 드러내는 것이 낫다. 참으면 어디선가 터진다. 소위 감정폭발의 계산서가 날아올 준비를 하고 있는 것이다.

회사에서 팀장이 팀원들을 모아 놓고 훈시한다.

팀장: "니들은 왜 내 맘을 모르냐? 내가 놀고 있나? 영업도 확인해야 하고, 팀 내 매출과 손익도 내가 다 봐야 한단 말이야. A프로젝트는 손실이 나고

있는데 다들 입 다물고 보고를 안 해? 불만 있어? 한마디씩 말해봐."

팀원: "(내가 세 차례 보고를 드렸는데.. 우선 참자) 죄송합니다."

팀 내 조직 및 업무을 관장해야 하는 팀장의 마음은 이해한다. 리더는 그 역할을 하라고 급여와 자리를 유지하는 것이다. 당연한 직무이다. 다만, 회의 석상에서 불만을 토로하면 팀장의 체면을 구기면서 복수심을 자극하게 된다. 이런 경우 회의를 마치고, 팀장과 독대한 자리에서 쿨하게 말해야 한다. 대범하지만 젠틀하게 표현한다. 예를 갖추어 솔직 담백하게 말하는 것이다.

팀원: "조금 전 회의하실 때, A프로젝트의 팀장님의 말씀에 대하여 저는 솔직히 화가 났습니다. 제가 2/18, 2/21, 2/27일 세 번을 보고서에 언급하면서 보고를 드렸거든요."

팀장: "(그렇긴 하지. 내가 좀 심했네) 그래, 알아. 나도 답답해서 그랬어. 그대가 이해하게."

상사와 밀당은 진솔한 감정 표현도 필요하다. 참는 것보다 얘기하는 상호 소통은 조직문화 차원에서도 더 이익이다.

아는 척하는 것보다 모르는 척하기가 더 어렵다. 아는 척할 경우 고개만 끄덕여도 넘어가는데, 알고 있는 것을 모르는 척할 때는 거짓 연기가 필요하다. 마찬가지로 대화에서 가장 고급 스킬은 하지 말아야 할 말을 하지 않는 것이다. 말을 아껴라. 할 말만 뚜렷하게 하면 된다. 관중

(관심종자)도 아닌데 쓸데없이 말을 많이 할 필요가 없다. 정보유출→ 말실수→ 해명 순으로 내가 한 말들이 화살이 되어 돌아오기도 한다. 내가 지키는 선이 있듯이, 상대도 마지막 라인이 있다. 마지노선을 넘으면 감정이 이입되어 소소한 보복까지 결심하게 만든다.

3 호의와 권리를 구분하게 만들기

해당 업무에 대하여 합리성이 있고 공정하다면 오케이 하는 세대가 MZ이다. 보수적인 기성세대는 MZ세대가 기가 차고 당돌하다고 불평한다. MZ의 다수는 억울한 심정이다. 소위 싸가지없는 사람을 전부 세대 차이로 호도하는 경향 때문이다. 엄밀히 얘기하면 개성의 문제이지 세대 간 갈등이 아니다. 오히려 기성세대가 문제가 많은 경우가 다반사다. 즉, 인성에 따라서 호의를 권리로 아는 사람들이 문제라는 것이다. 직장에서 호의와 권리를 구분하도록 만들기 위해서는 기준을 명확하게 언급해야 한다. 행동자의 기준을 확인하고, 회사의 기준을 명확하게 납득시켜야 한다. 그렇지 않으면 도돌이표로 돌아가서 같은 일이 반복된다.

어느 회사의 근태에 대한 팀장과 팀원의 대화이다. 지각이 잦은 팀원이 오늘도 9시 5분에 도착하자 보다 못한 팀장이 부른다.

팀장: "요즘 힘들게 일한 것은 알겠는데, 오늘은 왜 늦었습니까?" (호의)

팀원: "네? 늦다니요? 저는 제시간에 회사에 도착했습니다." (호의를 권리로 착각)

팀장: "그런데 왜 9:05분에 도착했어요? 지각이 아니라는 기준이 뭐죠?" (상대 기준 확인)

팀원: "회사 정문 도착은 9시에 했습니다. 주차하느라 시간이 걸려서 그렇죠." (권리로 착각)

팀장: "회사의 규정은 9시까지 정문이 아니라, 자리에 도착하는 것입니다." (회사 기준 언급)

팀원: "저는 회사 규정상 9시까지 도착했기에, 기준의 명확성을 모르겠습니다." (권리로 착각)

팀장: "그렇다면 9시에 도착 후, 10시까지 차에서 잠자도 기준에 충족인가요?" (회사 기준 이해)

팀원: "네, 이제 이해가 갑니다. 다음부터는 9시까지 자리에 도착하겠습니다." (회사 기준 납득)

조직에는 긍정의 에너지를 먹어 치우는 에너지 뱀파이어가 있다. 에너지 뱀파이어에는 관심을 받고 싶은 관종형, 군림하려는 통치자형, 자기 할 말만 하는 수다꾼형 등이 있다. 이들과 대화하다 보면 기를 빼앗김과 동시에 허탈감, 슬픔, 우울감이 생긴다. 무엇보다도 공연히 시간이 많이 낭비된다는 공통점이 있다. 또한 이들은 호의를 권리로 내세우며, 내 시간에 빨대를 꽂으려고 한다. 동료라면 걷어차면 그만이지만, 권력자인 상사인 경우에는 퇴치가 쉽지 않다.

에너지 뱀파이어 팀장이 술이 잔뜩 취한 채 전화가 왔다. 팀장이 팀원에게 토요일에 골프연습장에 같이 가자고 한다. 술 마신 팀장이 요즘 자주 전화한다. 골치가 아프다.

Bad

갑질을 일삼는 팀장에게 휴일을 반납하는 팀원의 예제이다.

팀원: "(띠리링~ 헉! 팀장! 이 시간에 매일 미치겠네) 여보세요?"

팀장: "어이~ 골린이. 꺼억~ 우리 토욜에 골프연습장 함께 갈까?" (갑질-사생활 침해)

팀원: "팀장님, 퇴근 후엔 좀 쉬고 싶습니다. 그리고 토요일에 제가 결혼식에 가야 합니다."

팀장: "헙. 고래? 결혼식이 몇 시, 장소가 어딘데? 갔다 와서 같이 가자." (갑질-사생활 침해)

팀원: "13시 안산 근처입니다."

팀장: "그럼 참석하고 나서, 15시까지 수원 영통 골프존123으로 와. 내가 가르쳐 줄게."

팀원: "(미치겠네) 일단 알았습니다."

팀원은 전화를 끊고 멘탈이 부서진다. 에잇, 회사를 그만둘까? 이런 카르텔의 빌런에게는 향후 다시는 전화하지 않도록 선 긋기를 해야 한다.

Good

선 긋기로 대처하는 팀원의 예제이다.

팀원: "(띠리링~ 헉! 팀장! 이 시간에 매일 미치겠네) 여보세요?"

팀장: "어이~ 골린이. 꺼억~ 우리 토욜에 골프연습장 함께 갈까?" (갑질-사생활 침해)

팀원: "팀장님, 퇴근 후에는 비상상황이 아닌 이상 쉬고 싶습니다." (선 긋기-우선 거절)

팀장: "자~식. 알았어. 암튼 짜샤, 토욜에 골프연습장 함께 가자~"

팀원: "저희 집 근처에서 연습하면 됩니다. 레슨도 받고 있습니다." (선 긋기-상황 설명)

팀장: "그러지 말고, 같이 가자. 야, 인마. 너무 비싸게 구는 것 아냐?"

팀원: "팀장님, 사실 제 전화가 자동녹음 서비스에 가입되어 있습니다. 주요 고객 통화 기록을 위해 신청했고요, 심한 말씀은 좀 삼가주십시오." (선 긋기-충격 주기)

팀장: "어? 그래? 뭐 그런 것을 녹음하고 그래. 알았어. 잘 주무시고."

내가 감정이 없이 사무적으로 선을 그으면, 상대는 이견을 내기 어렵다. 관계 유지를 하되, 잘라 말해야 한다. 내 호의가 그에게는 권리로 바뀌면서 소중한 시간을 빼앗기기 때문이다. 만나면 피곤해지며 심신이 황폐화한다. 최대한 예의를 갖추어 신속하게 관계를 정리해야 한다. 하지만 이렇게 선 긋기를 하는데도 지속적으로 문제가 생기면 회사에 얘기해야 한다. 선 긋기가 안 되면 선 넘기로 가야 한다.

15

중요한 사람보다는 소중한 사람으로 각인

1 상대가 승자처럼 보이도록 말한다

가끔 고객과 싸우려는 장사꾼이 있다. 일반적인 밀당이 아닌 이상, 고객을 이기는 장사꾼은 없다. 만고의 진리다. 고객은 내 상품의 가치를 파악하고 재화를 지불하고 사 갈 수 있는 대상이다. 고객은 협상의 과정에서 날카로운 질문이나, 트집을 잡는 경우가 허다하다. 그런 경우 상대방의 공격을 차단하면서, 내가 원하는 방향으로 공을 보내야 한다. 이런 때 상대와 맞서 싸우는 것이 능사가 아니다. 고객이 승자처럼 보이도록 말하는 것이 중요하다. 직장 내에서도 상대와 논쟁이 있는 경우에 훌륭한 처세이다. 상대를 공격하지 않고 승자를 만들면서, 내 방안을 관철하는 것이다.

구매본부장이 순환보직을 명 받아서, 제조에 처음 오게 되어 전체 팀장 회의를 소집했다.

Bad

그는 구매에서 겪었던 경험을 토대로 제조의 팀장들에게 지시한다.

본부장: "구조물에 부착하는 코너조인트 말이야. 경량으로 표준품을 쓰면 안 되나? 표준품은 가격도 싸고 곧바로 구매할 수 있는 장점이 있지 않은가?"

김팀장: "본부장님께서 제조가 처음이라 모르시는 말씀입니다. (상대에게 망신 주기) 코너조인트는 우리 공장에서만 사용하는 것이 아닙니다. 우리가 맘대로 바꾸면, 제품 출고 후 현장에서 맞춤 작업을 할 수 없게 됩니다."

본부장: "뭐? 나 무시해? 내가 한국공로상을 수여했고, 구매 밥만 30년이야. (위신 지키기) 어디서 말도 안 되는 논리를 펴? 혁신은 가죽을 벗기는 것을 의미해. 알아? 코너조인트를 표준품으로 당장 바꿔. 시공에도 얘기하고. 알았어?" (혹독한 대가 치름)

김 팀장이 잘못한 것은 무엇일까? 상대에게 망신을 주고 대화를 시작했다. 많은 팀장들이 운집한 가운데, 본부장은 심한 모욕감을 느꼈다. 상사는 반드시 복수한다. 이런 경우에는 칭찬을 먼저 하고, 논리를 편 다음, 결론을 상대가 내도록 해야 효과적이다.

Good

우문현답을 제시하는 박 팀장의 언변을 예시로 보자.

본부장: "구조물에 부착하는 코너조인트 말이야. 경량으로 표준품을 쓰면 안 되나? 표준품은 가격도 싸고 곧바로 구매할 수 있는 장점이 있지 않은가?"

박팀장: "역시 전략구매의 구루이셔서, 문제점을 단번에 말씀하시네요." (우선 칭찬)

본부장: "대가는 무슨. 허허. 내가 한국공로상도 수여했고 구매 밥만 30년이야." (위신 뿜뿜)

박팀장: "네, 표준품은 검토해 보겠습니다. 다만, 시공에도 코너조인트를 사용 중이어서, 제조와 시공이 한꺼번에 전부 바꾸려면, 설계 도면을 먼저 수정해야 합니다. (논리 제시) 설계와 가능성을 검토 후 보고드리겠습니다."

본부장: "그렇군. 검토 후 얘기해 주게. 그때 의사결정을 할게요. (상대가 결론 도출, 확인) 각 팀장은 원가절감 아이디어를 많이 독려하는 조직문화를 만듭시다."

본부장의 진의는 구매에서 이뤘던 혁신적 사례를 제조에도 접목시키고 싶었을 것이다. 그것을 이해하는 팀장의 응원이 필요했다. 박 팀장은 김 팀장과 달리 우선 칭찬→ 논리 제시→ 상대가 결론 도출로 본부장의 무지도 커버하면서 본인 의견도 오케이를 받았다.

상대를 배려하는 말로써 그를 내 편으로 만드는 것은 정치적인 측면에서 매우 유리하다. 특히 회의 시 Loudspeaker(확성기)들을 잘 활용할 필요가 있다. 라우드 스피커는 회의 시간에 큰 목소리로 지적질을 하는 위인을 의미한다. 편안히 앉아서 남이 열심히 작성한 과업에 대해 이러쿵저러쿵 손가락질하는 모습을 보면 한 대 꽁 쥐어박고 싶을 정도로 얄밉다. 하지만 역설적으로 그가 내 편이라는 생각을 해보자. 나는 회의실에서 장군 한 명을 거느린 셈이 된다. 대화를 할 때도 마찬가지이다. 상대방을 바꾸는 것보다 같은 편에 서면 해결되는 일이 많다. 상대를 반대편으로 몰아붙이기보다는, 나와의 공통점을 찾아서 함께 경쟁자를 대응하는 것이 훨씬 효율적이다. 그렇게 하지 않으면 나를 적으로 판단한 그는 수비를 강화하게 되고 상호 쓸모없는 역량과 시간이 투입된다.

2 정중한 인사와 솔직함에 매력을 느낀다

필자가 신입사원 교육을 할 때 항상 권하는 말이 있다.

"여러분들은 직장에서 무조건 모두에게 인사를 하세요. 나보다 후배는 없잖아요? 손해 볼 것 없으니까 인사 잘하십시오. 이왕 하는 인사말을 크게 해주시면 좋겠습니다. 나를 어필하는 방법의 하나이고, 조직도 매우 젊어지는 느낌이 드니까요."

그리고, 신임 팀장 교육장에 가서도 또 인사에 대해 말한다.

"팀장들께서는 직장에서 무조건 먼저 인사를 하세요. 가끔 인사를 받는 둥 마는 둥 하거나, 상대가 인사하는데도 고개만 끄덕이고 묵묵부답인 팀장이 많습니다. 인사한 상대가 무안하지 않도록 정중하게 인사를 함께 하십시오. 서로 동등한 예를 갖추어 먼저 인사를 하시기 바랍니다."

처음 방문했을 때 기분이 좋은 기업은 회사 내부가 멋지게 인테리어된 곳이 아니라, 직원이 외부 손님에게 인사를 자주 하는 곳이다. 나는 그 회사 직원을 모르는데도 엘리베이터든 화장실이든 묵례를 한다. 손님의 입장에서는 인사한 동작으로 왠지 대접받는 느낌을 받고 기업친화력이 향상된다. 정중하고 활기차게 인사를 하면 매력과 활력이 넘친다.

재경회의 시간. 팀장이 회의 시간에 팀원에게 재고 현황을 물어보면서 숫자를 기입하고 있다.

Bad

팀장의 질문에 당황한 팀원이 거짓으로 보고하는 사례이다.

팀장: "금번 재고자산 평가를 해야 하는데, A자재가 얼마나 재고가 있나?"

팀원: "네, 230만 장 보유하고 있습니다."

팀장: "그럼, B자재의 재고는?"

팀원: "(엥? 사실 모르는데…) A재고와 비슷한 수준으로 알고 있습니

다.” (유체 이탈 보고)

팀장: “아는 거야, 모르는 거야? 정확히 몇 장이야?”

팀원: “(큰일이네. 우선 말이라도 던지자) A와 같은 수준인 230만 장입니다.” (거짓 보고)

팀 회의가 끝나고 일주일이 지났다. 회계감사를 하는 과정에서 B재고의 수량 오기에 대하여 감사의 집중 추궁을 받게 된다. 그제야 자재과에 확인해보니 10만 장밖에 없는 것이 확인되어 감사 권고에 의한 사유서를 제출하게 된다. 팀장이 팀원을 질타한 것은 당연한 일이다.

솔직히 모르면 모른다고 해야 한다. 다시 확인하면 된다. 어떠한 상태든지 간에 전화 한 통이면 즉시 알 수 있는 세상이다.

Good

팀원이 솔직하게 보고하는 사례이다.

팀장: “금번 재고자산 평가를 해야 하는데, A자재가 얼마나 재고가 있나?”

팀원: “네, 230만 장 보유하고 있습니다.”

팀장: “그럼, B자재의 재고는?”

팀원: “제가 확인을 못 했습니다. 죄송합니다. 즉시 확인 후 보고드리겠습니다.” (솔직 보고)

팀원은 곧바로 자재 창고에 전화하고, B자재가 10만 장이 있음을 보고한다. 잘 모를 수도 있다. 대신 신속히 진상을 파악하여 재보고 하면 된다. 상사는 솔직한 보고에 오히려 신뢰감을 얻는다.

3 상대의 마음을 훔치는 세 가지 키워드

말을 아끼면서도 충분히 상대의 마음을 훔칠 수 있는 방법 세 가지가 있다.

① 침묵이다.

"침묵은 금이다."라는 명언이 있다. 실언을 방지하기 위함도 있지만, 상대의 말에 암묵적인 배려의 의미도 된다. 대화하면서 내 의견을 적극적으로 반영하는 경우를 제외하고는, 한마디도 안 하고 경청만 해도 상대방은 만족을 느끼는 경우가 많다. 침묵하면서 "네", "그렇군요", "저런" 등의 추임새만으로도 상대는 한 시간 이상 신나게 얘기한다. 영업 현장에서도 고객의 얘기는 자르지 않고 충분히 듣는다. 경험상 영업자는 말을 아낄수록 수주할 확률이 높아진다. 면담할 때도 경청과 침묵이 질타와 조언보다 더 값지다.

② 충고이다.

충고는 하지 않는 편이 낫다. 충고의 대상은 가족 정도가 아닐까? 가족 같은 회사가 요즘에는 없으므로, 직장 내에서 충고는 필요 없다. 충고보다 한 단계 아래인 조언도 어지간히 친한 사이가 아니면 아낄 필요가 있다. 직장에서 인기가 많은 사람은 훌륭한 정보를 갖고 있거나, 내 말을 경청해주는 사람이다. 그러나 인기 남녀도 자주 충고하려 한다면 선호도가 현저히 떨어질 것이다. 거만한 상대에게 대중의 애정은 사라진다. 충고는 인기를 증발시켜 버린다.

③ 무지이다.

무지한 상태가 되라는 것이 아니라, 모르는 척하라는 것이다. 상대방의 대화 속에는 감추고 싶은 것이 있는데, 그것을 끝까지 들춰내려는 사람이 있다. 상대방의 사생활이고 원하지 않는 것은 파헤칠 필요가 없다. 상대는 내가 모르는 척하는 것에 대하여 더 존중감을 느낀다. 내가 모르는 척해 줌으로써, 상대가 하고 싶은 말을 하도록 하는 것이 상대의 마음을 얻는 방법이 된다. 상대방이 과시하고 싶어 하는 경우에도 모르는 척 물어보는 것이 좋다. 다만, 너무 지나치면 능글맞다는 인상을 주므로 주의해야 한다.

김 대리: "이번 달에 저희 팀은 죽상인데, 강 과장님 팀 실적은 어떠세요?" (모르는 척)

강 과장: "그래? 지난주에 내가 100억 수주했어. 팀 그래프가 쭉 올라갔지. 하하." (과시욕)

김 대리: "아! 그래요? 역시 강 과장님이 에이스야!"

김 대리: "강 과장님, 전 홀인원보다 이글이 소원인데, 강 과장님은 어떠세요?" (모르는 척)

강 과장: "나도 홀인원이 꿈이야. 근데 지난달에 이글패를 받았어. 하하." (과시욕)

김 대리: "아! 그래요? 술 한잔 사십시오."

4장

간결하게,
작문하다

16

직장의 모든 글은 상대방의 소유물

1 무엇을 어떻게보다는, 왜 쓸까? 목적을 명확히

글이 중요한 시대다. 모든 이벤트에는 작문이 시작이다. 연극과 영화, 시나리오와 드라마는 대본이 있다. 정치인의 담대한 웅변도 연설문에 근거한다. 직장에서도 보고하려면 보고서를 우선 작성해야 한다. 물론 애드리브를 할 수 있지만, 전문가가 아니라면 정예화하기 어렵다. 인간이 가진 정보체계 순서상 말이 글에 앞서지만, 글을 먼저 정리하고 말하면 논리가 정연해진다. SNS도 글로 표현되는 말이다. 이번 장에서는 훌륭한 수언작문(秀言作文)하는 방법에 대하여 논하고자 한다.

글은 '무엇을 어떻게 쓰지?' 하며 들이대는 것보다는, 우선 왜 쓰는지

목적이 명확해야 한다. 목적을 명확히 해야 하는 사람은 지시자와 상대방 모두 해당된다.

먼저, 지시자의 경우를 보자. 팀장이 다음과 같이 SNS로 지시했다. 1번의 정 대리는 무슨 말인지 알아들었을까?

1. 〈Bad〉 "정 대리, 변호사가 언급한 문제되는 정관 규정 찾아서 체크해 봐."(목적 X)
2. 〈Good〉 "정 대리, 변호사가 언급한 인허가 문제되는 정관 규정 찾아서 체크해 봐."(목적 O)

1번 문장은 어떤 문제를 찾으라는 것인지가 불분명하다. 2번은 인허가 정관 규정으로 국한되어 목적이 명확해진다. 아시다시피 팀장은 자주 목적어를 잊어버린다. 순간적으로 적합한 단어를 찾지 못하는 것도 있지만, 상대방이 이심전심 알고 있을 것으로 생각한다. 팀원들은 전혀 알아듣지 못한다. 사실 알고 싶지도 않다. 목적도 알 수 없는 지시를 받아야 하기 때문에, 되묻는 과정에서 시간 손실이 일어난다. 지시자는 아무리 바빠도 목적을 명확히 알려주어야 한다.

다음은 지시받는 자의 경우다. 1번의 팀장은 무슨 말인지 알아들었을까?

1. 〈Bad〉 "팀장님, 주간 보고 자료 보냈고요. 내용을 검토해 주십시오."(목적 X)
2. 〈Good〉 "팀장님, 주간 보고 자료 상, 특히 A설비 셧다운(2쪽) 검토해 주십

시오."(목적 O)

1번의 팀장은 내용을 전체 다 봐야 한다. 2번은 사고가 난 A설비를 집중해 달라는 목적이 있다. 팀장은 즉시 그 부분을 볼 것이고 경우가 위중하면 상위자에게 보고할 것이다. 이런 정도는 누구나 다 아는 내용이라고 생각할 수 있다. 그러나 의외로 자주 누락되는 부분이 목적이다. 목적이 없으면 상대방의 아까운 시간을 먹어 치우는 좀비로 진보한다.

2 짧고, 명료하고, 그림처럼 표현해야 한다

Bad

지방 출장을 간 팀원에게 팀장이 카톡으로 업무보고를 요청했다. 답답한 팀원의 보고 내용이다.

팀장: "(왜 보고가 없지?) 어제와 오늘 광주-순천 출장은 어땠어? 왜 보고가 없는가?"

팀원: "네, 특별한 문제는 없었습니다."

팀장: "(뭐야? 끝? 문제보다는 성과가 중요한데. 답답하네) 업체별 성과는 있었나?"

팀원: "네, 광주에서는 A사 만나서 제안서를 제출했고, B사를 만나서 수금 협의를 했습니다. 순천에서는 C사와 미팅했고 상호 입찰

대응을 얘기했습니다."

팀장: "(답답하네. 성과가 뭐지?) 결론은 A, B, C사에서 어떤 성과가 있었나?"

팀장은 세 번 질문 했지만, 답답한 답변만 들었다. 팀장은 "파고 파고 또 파야" 나오는 모양새를 보면서 한숨을 쉰다. 다시는 출장을 보내지 말아야겠다는 생각이 든다.

Good

핵심 인재라면 SNS로 출장 보고를 이렇게 보낼 것이다.

팀장: "(왜 보고가 없지?) 어제와 오늘 광주-순천 출장은 어땠어? 왜 보고가 없는가?"

팀원: "네, A, B, C 업체를 방문했고, A사는 PJT 제안서를 제출했습니다. A사는 목요일(3/17) 기술시담을 하기로 했고 ①공문 수령했습니다. B사는 수금 협의를 완료했고 금요일(3/18)까지 입금하기로 약정하는 ②확인서를 받았습니다. C사는 타사와 협약하려하길래 한 시간을 설득해서 결국 ③입찰공동협약서에 서명을 받아왔습니다. 팀장님께 ①공문, ②확인서 및 ③협약서를 아침 8시에 이메일로 송부드렸습니다." (성과물 명시)

팀장: "(성과가 확실하게 보이는군) 그래, 수고했어. 지속적으로 잘 체크해 봐."

팀장은 글을 본 것이 아니라 그림을 봤다. 행동과 내용이 눈에 쏙쏙 들어오도록 썼기 때문이다. 글은 말과 다르게 수정할 수 있으므로 송신 전에 한 번 더 확인해야 한다. 짧고 명료하게 써야 한다. 그러면서도 상대방이 나의 성과를 그림으로 감상할 수 있을 정도가 되면 더욱 좋다. 핵심 인재인 팀원은 마치 팀장과 함께 출장을 간 것처럼 간결하면서도 성실한 정밀화를 그렸다. 팀장은 그림과 시상이 그려지는 글을 선호한다.

말 그림을 잘 못 그리는 사람은 대체로 두 종류이다.

① 핵심 키워드를 적시에 인식 못 하는 경우이다.

평상시 TMI나 안물안궁(안 물어봤고 안 궁금하다)을 자주 시전하는 사람이 있다. 특히 상사인 경우에는 재미도 없는데 귀를 막을 수도 없다. 이처럼 뜬금없는 얘기를 하는 이유는 무엇일까? 스토리텔링이 안 되기 때문이다. 상호 대화를 하다 보면 키워드가 나오면서 이야기를 전개하게 된다. 예를 들어, 고전《모비딕》을 얘기하던 중 '고래'라는 키워드가 나오면, 상대는 〈아바타2〉에서 나오는 '우주 고래 툴킨'에 대하여 이야기꽃을 피우고, 나는 〈이상한 변호사 우영우〉에 나오는 '고래 그래픽'이 멋지다는 얘기까지 갈 수 있다. 그런데, 갑자기 자신이 '고래고래' 소리지른 이야기를 한다면, 갑분싸(갑자기 분위기 싸)한 상황이 연출된다. 이런 사람이 핵심 키워드를 인식하지 못하는 경우이다. 아재 개그라면 엉뚱한 측면에서의 억지웃음도 있지만, 핵심 키워드의 연결을 제대로 못

하는 경우는 분위기 수습에 답이 없다.

② 정보 전달의 순서를 모르는 경우이다.

무엇이 선(先)이고 어느 것이 후(後)인지 모르게 뒤죽박죽으로 말한다.

팀원: "제가 어제 은행에서 간신히 대출 허가를 받았습니다. 어찌나 힘들던지."

팀장: "(PF를 의미하나?) 음. 그래? 무슨 프로젝트인가?"

팀원: "프로젝트는 아니고요. 저희 집 이사 건이거든요."

팀장: "(무슨 뜬금없는 소리지?) 아, 집. 그래?"

팀원: "수원으로 이사를 가려는데, 은행 문턱이 높아서요."

팀장: "그래, 이사 잘해. 그건 그렇고 A프로젝트 PF 건으로 은행에 간 것은 어떻게 되었지?"

팀원: "아, 예. 은행에 알아봤는데, A프로젝트도 PF를 받기 정말 힘든 상황입니다."

무슨 말인지 대화의 맥락도 없고 좌충우돌한 답변으로 팀장은 답답하다. 가장 어려운 캐릭터가 예측이 안 되는 경우이다. 더 이상 대화를 하고 싶지 않다.

팀원: "팀장님. 제가 어제 은행에 확인한 바로는, A프로젝트 PF를 받기 힘든 상황입니다. 이유는 근래 6.5%까지 금리 인상으로 인해 명확한 담보를 필요로 하기 때문입니다. 참고로 저희 집도 수원으로 이사하려는데 아파트를 담보로 간신히 대출을 허가받았습니다."

팀장: "음. 그렇지. A프로젝트는 재검토해 보세. 그리고, 자네 집 이사 건은 한 시름 놨겠군 그래."

이렇게 간단하게 끝날 수 있는 얘기이다. 대화는 상대방을 중심으로 숲에서 나무로, 줄기에서 잎으로 해야 한다.

3 상대에게 오픈 전에 혼잣말로 먼저 체크

SNS의 중요한 내용은 상대방에게 오픈 전에 한번 읽어볼 것을 권한다. SNS 엔터를 누르는 순간 글은 말로 변하면서 내 것이 아니라 상대의 것이 된다. 물론 곧바로 삭제를 할 수 있다. 그러나 단톡방에서는 내 엄지보다 빠른 누군가는 순식간에 읽는다. 되돌리기에는 어려운 상황이 되고 만다. 특히 단톡에서 특정인에 대한 오해의 글은 두고두고 앙갚음을 다짐하게 된다. 이지메의 정신적 폐해의 근본 문제는 집단으로부터 멸시를 받는다는 것이다. 단톡방도 잘못하면 이런 모멸감을 줄 수 있으므로 조심해야 한다. 상사와의 카톡에서는 쓸데없는 말을 쓸 이유가 없다. 그와 특별한 친분이 있는 것도 아니고, 사회생활의 일환이라고 생각하면서 오피셜하게 작성해야 한다. 사적인 감정도 필요 없이 과제나 이벤트에만 집중하면 된다. 특히 상사와의 대화방, 단톡방은 내용을 기재하고 나 자신이 독백(Talk to Oneself)을 해 봄으로써 어색함을 배제해야 한다.

팀장이 단톡방에서 강 대리에게 메시지를 보냈다.

팀장: "강 대리, 휴일에 미안한데, 금요일 출장내용 좀 공유해 줄래? 내일 8시 보고라서."

팀원: "팀장님, 휴일까지 카톡은 좀 너무하십니다. 오늘 야외에 나와서 도저히 작성이 어렵습니다. 내일 아침에 출근해서 보고드리겠습니다." (팀장 위신 깎기)

팀장: "(화가 나서) 강 대리! 출장 후 보고는 당연한 거야. 금요일에 왜 안 했는가? 팀원 중 자네 것만 누락되어 내가 주간보고를 취합하고 있어. 내일 8시에 사장님께 보고야. 내가 주간보고를 자네에게 보낼 테니까 다른 부서원 것도 모두 정리해서 오늘 18시까지 나에게 보고하게. 알았어?" (혹독한 대가 치르기)

꾹 참고 있던 팀장은 이 메시지를 보고 열이 받아서 팩폭을 했다. 강 대리는 "네!" 하고 출장 보고를 정리해서 보내면 그만이었다. 쓸데없이 다른 팀원들도 함께 보는 단톡방에서 팀장에게 무례하게 들이댔기 때문에 이런 사달이 난 것이다.

17

촌철살인(寸鐵殺人) 원하는 핵심을 쓰다

1 결론부터 두괄식 보고. 처음부터 요점만

임원들은 공통점이 있다. 요점 보고를 잘한다. 요점을 정리 못 하는 사람이 임원인 경우를 필자는 본 적이 없다. 하나같이 시간에 쫓기며 동시다발적 일을 하다 보니, 요점들만 파악하기도 힘들기 때문이다. 그래서, 중요한 숫자와 팩트는 입으로 되뇐다. 본인도 상위 보고를 하기 위해 한번 연습하는 것이다.

대한민국의 임원은 입담이 부족한 사람은 있어도, 요약력이 뒤떨어지지는 않는다. 항상 뭔가를 요약해서 머릿속에 암기하거나, 핸드폰에 사진을 저장해 놓는다. 생각해 보면 이런 임원들이 팀장들에게 무엇을 원하겠는가? 바로 요약이다. 요점 보고를 제대로 못 하는 팀장도 필자는 거의 본 적이 없다. 특히 핵심 보직의 수행팀장은 언제나 긴장감으로 요점이 A, B, C 툭툭 튀어나온다. 팀장들이 가장 아끼는 팀원은 누구인가? 역시 요약을 잘하는 팀원이다. 성과가 높은 팀원 중에 탄생하는 승진자는 특히 요점 보고가 능한 경우를 수없이 봤다.

요점을 잘 보고하는 사람은 상대의 인중을 살피며 시간을 배려한다. 처음부터 요점만 보고한다. 상대가 바쁘면 요점만으로 충분할 정도로 또박또박 얘기한다. 상대가 여유가 있다면, 요점 이후 본론을 말하기 시작한다. "결론은", "직관적으로", "요약 설명하면"이라는 단어를 사용하여 초반에 몰입하게 한다.

그리고 이 단어와 함께 긍정적인 얘기로 시작할 것을 권한다. 긴장시키는 결론을 처음부터 말하면 상대는 마음속에 불필요한 방어기제를 작동시킨다. 불안한 대화가 시작되면 상대는 스스로 방어력을 높이는 것이다. 내가 상대로부터 뭔가를 얻어야 하는 경우, 딜을 해야 하는 경우를 제외하고는 이런 방법은 사용하지 않는 것이 좋다. 특히 상사가 방어기제를 자꾸 대동하게 하면, 향후 나와의 대화 자체를 부담스럽게 생각한다. 자연스럽게 상사와 대화가 단절되면서 내 윤택한 직장생활도 가시밭길이 되어버린다.

회사에 신인사제도의 구축을 위해 각 팀 인원들이 차출되어 TF(Task Force)팀을 만들었다. 연말이 되어 팀원들은 사업계획서 수립 등 현업의 일에 집중해야 할 시간이 도래했고, TF활동이 어느 정도 끝나면 현업에 복귀해야 하는 상황에서, TF팀 팀장과 팀원의 대화이다.

Bad

요점 정리가 잘 안되는 팀원이 보고한 사례이다.

팀원: "TF팀장님, 신인사제도 일정과 관련하여 드릴 말씀이 있는데요." (심각한 도입)

팀장: "(심각한 일인가? 현업팀장이 바쁘다고 하던데) 네, 무슨?" (방어기제 작동)

팀원: "과제 중 '핵심 인재 관리방안'과 '선택적 복리제도'의 작성이 금주까지인데요."

팀장: "(그게 제일 중요한데, 안 된다는 것인가?) 네, 그래서요?"

팀원: "아시다시피 제가 현업의 일을 해야 해서요. 특히 금주는 내년도 사업계획서를 만들라는 저희 본부 팀장님 지시가 있었습니다. 그렇다고 TF활동을 등한시할 수도 없고 해서요. 참으로 난감한 한 주였습니다. 결국 두 가지 일을 마무리했습니다."

팀장: "(대체 어떻게 되었다는 것이지? 답답하네) 그래서 결론은 어떻게 되었죠?"

팀원: "'핵심 인재 관리방안'과 '선택적 복리제도'를 오늘 마무리했습니다. 검토해 주십시오."

팀장: "그럼 마무리했다고 하면 되지! 참 나, 그리고 현업업무도 과중한데 제대로 했겠어?!"

화를 내는 TF팀장에게 팀원은 섭섭한 마음이다. 과연 무엇이 잘못일까?

다음과 같이 다시 대화를 유도해보자. 긍정의 도입부와 결론을 내는 것이다. 그리고 내용과 함께 공적을 말한다. 긍정의 도입→ 결론→ 공치사의 순이다.

Good

긍정의 도입과 결론의 순으로 얘기하는 팀원의 사례이다.

팀원: "팀장님, 신인사제도 일정 관련 좋은 소식을 말씀드리고자 합니다." (긍정의 도입)

팀장: "(좋은 소식이니까 편히 들어야지) 어떤?"

팀원: "과제 중 '핵심 인재 관리방안'과 '선택적 복리제도'가 가장 힘든 부분인데, 금일 무사히 마무리 지었습니다. 검토 한번 해 주십시오." (결론)

팀장: "아, 그래요? 정말 잘됐네. 현업도 바빴다고 들었네만."

팀원: "사실 사업계획서도 동시에 만들어야 해서 힘든 한 주였습니다. 다행히 현업일도 TF일도 잘 마무리 지었습니다." (공치사)

팀장: "그래 고생했어. 역시 자네가 있어서 든든하네. 수고."

ㄹ One Message 보고. 한 문장에 한 개만

얼마 전 필자는 한독수교 140주년을 맞이하여 에너지포럼이 열렸고, 태양광 관련 개발사업을 발표하게 되었다. 한국과 독일을 비롯한 세계 각국에서 3,000명 이상이 Zoom 화상회의로 참여했고, 필자에게는 20분의 시간이 주어졌다. PT와 시나리오를 작성했기에 별다른 문제 없이 일사천리로 발표했다. 그런데 15분쯤 지났을 때 사회자가 커트했다.

"이제 태양광 개발사업에 대한 설명을 해 주세요. 시청자는 그것이 궁금할 겁니다."

나는 순간 당황했다. 20분의 주어진 시간 동안 15분간 회사소개를 하고 있었다. 참여자의 입장에서는 내 회사보다는 실제 개발사례가 중요했을 것이다. 의도한 것은 아니지만 시간 안배에 실수한 것이었다. 세계로 생중계되고 다음 연사가 기다리고 있었기에 시간이 없었다. 남은 5분을 심혈을 기울여 사업설명을 했는데, 식은땀이 났다. 보고 관련 언문의 전문 책을 저술한 저자가 발표 시간 안배에 실패하다니? 끝나고 시나리오를 점검했다. 자세히 보니 회사 소개 안에 개발사업을 넣은 것이 실수였다. 회사 소개는 간단히 한 장에 끝내고, 개발사업으로 넘어갔어야 한다. One 메시지 발표에 실패한 것이다. 이처럼 한 개의 챕터에는 한 개의 메시지로 단순하게 가야 독자가 이해한다. 여러 가지 나열하다 보면 어느 것이 키워드인지 모르기에 집중력이 떨어진다.

면접장에서 자기소개를 하는 모습이다.

"제 이름은 김형중이고요, 나이는 삼십을 조금 넘겼고요, 직장 경력은 5년 남짓 되고요, 전 직장에서는 회계팀에서 열심히 일했는데 갑자기 회사 사정이 어려워져서 구조조정으로 퇴사하게 되었고요, 주요 직무는 자금 관련 Cash Flow를 담당했습니다."(서술식)

말을 한 문장씩 임팩트 있게 One Message로 표현해보자.

"제 이름은 김형중입니다./ 나이는 삼십이세고./ 직장 경력은 5년입니다./ 전 직장에서는 회계팀에서 자금 업무를 담당했습니다." (한 문장에 한 개의 단어 강조)

짧고 굵은 어투는 시간도 절약하면서 여운을 남긴다. 말투에 여백의 미가 발생하는 것이다. 강조할 단어는 힘을 주어서 말해야 한다. 특히 키워드와 숫자는 자연스러운 스타카토(악보에서 한 음씩 또렷하게 끊어서 연주하는 것) 기법으로 각인을 시켜도 좋다. 음절의 쉼(/로 표시 부분)이 중요하다. 쉼이 없이 계속 열변하면 듣는 사람이 숨이 차다. 적절한 쉼표는 몰입도를 높인다.

3 정량적 보고. 두루뭉술은 이제 그만

숫자가 없는 전략은 전략이 아니다. 옛날 90년대 팀장은 말 한마디로 모든 것을 다 통제했다. 상세하게 설명하지 않아도 상대방이 알아서 새겨듣고 이중삼중으로 일을 처리해서 예비책이 리스크를 방지했다. 지금은 있을 수 없다. 단 몇 분 만에 수주가 날아간다. 정보통신의 비약적 발전으로 경쟁자가 곳곳에서 암묵적으로 닌자처럼 행동한다. 택시와 SNS 예약의 관계를 보면 잘 이해 간다. 카카오T, 우티 등 정보산업이 운송을 이끄는 시대이다. 손가락 터치 한 번에 몇만 원의 수익이 사라진다.

필자가 순천에서 만난 택시 기사 한 분은 핸드폰이 두 개인데 하나는 운전대 정중앙에 부착하고 다녔다. 그 이유를 묻자 이렇게 답한다.

필자: "기사님, 왜 핸드폰을 운전대에 부착하고 다니시나요? 독특한데요?"

기사: "핸드폰을 운전대에 부착하고 카톡으로 수신되는 고객콜을 왼손 엄지로 누르면 가장 신속하게 답할 수 있죠! 컵 홀더나 거치대에 폰을 넣어두는 것보다 0.5초 빠르게 누를 수 있습니다!! 저는 평균적으로 다른 기사보다 30% 이상 콜을 받습니다. 0.5초가 제 매출을 30% 끌어올리기 때문입니다. 다른 기사는 왜 이렇게 안 하는지 이해가 안 갑니다."

택시 안에서 기가 막힌 전략이라고 박수를 치고, 내릴 때 잔돈을 드렸다. 생활의 달인이 아닐 수 없다. 이렇게 먹고살기 긴급하고 섬세한 세상이다. 급박한 세상에서 가장 절박한 언어는 숫자다. 숫자는 문맥의 이해를 축지법으로 몰입하게 하는 세계 공통의 언어다. 보고에 숫자를 가미하면 모호함이 사라지면서 신뢰가 상승된다.

두루뭉술한 표현이 있다. "즉시", "상당히", "신중하게", "최선을 다해" 등이다. 성실한 단어이지만 정량적이지 않다. "즉시"는 오후인지 10분

후인지 명확하지 않다. "상당히"도 10kg인지, 100m인지 모르겠다. "신중히"는 10mm를 자르라는 건지, 1cc를 용기에 담으라는 건지 불분명하다. 이렇듯 긍정적인 단어이지만 두루뭉술하기에 보고에는 적합하지 않다. 보고에는 반드시 숫자가 넣어져야 한다.

회사에서 목표 달성 전략을 수립하라는 지시가 있었다. 영업팀에서는 경쟁우위, 마케팅, 수주확률을 높이는 전략을 수립하고 세부 내용(Action Plan)을 작성했다.

Bad

전략에 정량화가 없이 작성한 도표이다.

전략	세부 내용(Action Plan)
1. 경쟁우위 확보	1) 지속적인 시장 및 경쟁사 모니터링을 통한 가격경쟁력 확보 2) 정책시장 변화 모니터링을 통한 정보공유로 신속한 대응 3) 우량고객 인센티브 제도 실시 및 신규 우량고객사 지속 발굴
2. 마케팅 강화	1) 고객 접점 확대를 통한 파트너십 강화 및 로열티 구축 2) 지속적인 노출을 통한 B2B, B2C 브랜드 인지도 상승 3) 당사 주력 제품 및 향후 Line-up 소개를 통한 Spec-in 기회 확대
3. 수주확률 증대	1) 대리점 동반영업 등 고객 니즈 파악을 통해 수주 기회 확대 2) 당사 생산라인 및 인력 운영 효율성 강조로 조기 수주 증대 3) 우수고객과 긴밀한 협력관계 구축을 통한 경쟁우위 확보

상기 도표는 내용이 무엇을 의미하는지, 전략을 어떻게 달성할 것인지 정량화가 없기에 칼에 날이 없다. 예를 들어, 1번 경쟁우위 확보를

하기 위해서는 1), 2), 3)번의 세부 내용만 수행하면 이루어져야 한다. 그런데 언제까지(When), 무엇을(What), 어떻게(How) 하겠다는 것이 숫자가 없기에 기약도 없다.

Good

실컷 깨지고 난 후, 전략에 정량화를 개선한 두 번째의 도표를 보자.

전략	세부 내용(Action Plan)
1. 경쟁우위 확보 (고객 30% 증대)	1) 시장, 경쟁사 모니터링 분석 보고 10% Up: 매월 4주차, 월, 9시 2) 정책변화 정보공유 20% Up: 매주 금요일, 13시, 팸플릿-리포트 3) 우량고객 선점: 인센티브(5% 가격 인하) 및 신규고객 7개사 발굴
2. 마케팅 강화 (광고 20% 증대)	1) 고객 접점 확대: SPC 20억 참여 및 개발 연계 EPC 120% 증대 2) 지속적인 광고: 지역 A신문(8회/월), 공영방송 라디오(30회/주) 3) 당사 주력 A제품 등 10Unit Line-up, Spec-in 30%대 확대
3. 수주확률 증대 (수주 40% 확대)	1) 대리점 영업: CRM 통한 고객 니즈 100명 설문 및 20% 수주 증대 2) 조기 수주 능력 확보: 라인 120% 가동 및 4조 2교대 효율성 증대 3) 우수고객과 지분 10%대 협력관계 구축 및 VE경쟁우위 20% 확보

도표는 숫자로 빼곡하다. 내용을 모르는 사람도 한눈에 뭔가 있어 보인다. 추상적-비정량적인 표현은 소통을 곡선으로 이끌지만, 구체적-정량적인 표현은 직선화한다. 기업에서의 소통은 돈이고, 직진성에 중요한 요소이다. 소통을 직선으로 이끄는 숫자는 인간의 뇌에 즉시 각인되며, 부연 설명이 필요 없다.

18

엔드유저를 설득해야 한다

1 오비일색(烏飛一色). 구구절절 내용은 Stop! 서언과 결론 중심

날고 있는 까마귀는 모두 검디검은 한 빛깔이라는 말이 오비일색이다. 남과 같으면 두각을 나타낼 수 없다. 뚜렷한 개성과 시원한 언변이 있어야 상대는 청량감을 느끼게 된다. 무슨 말인지 알아들을 수 없거나, 결론이 없는 경우에 상대는 다음과 같이 말한다.

"그래, 알겠어. 근데 결론이 뭐야?!"

"그건 나도 알아. 중점 사항이 뭔데?!"

"어디가 끝이야? 얘기 핵심이 뭐지?!"

일본의 경영컨설턴트 가나가와 아키노리의 저서 《돈 버는 말투, 돈

버리는 말투》에서는 '기승전결'을 버리고 '결결결결'로 말하라고 조언한다. 단순히 결론만 말하면 안 되고 1, 2, 3으로 정리해서 말해주면 좋다. 결국 엔드유저가 납득이 되어야 하기 때문이다.

2012년에 개봉하여 411만 명 관객이 본 영화 〈건축학개론〉에서 조연 조정석을 한 방에 스타덤에 올린 단어가 '납득'이다. 친구에게 키스를 설명할 때 "비벼 막 비벼~"라고 두 손을 교차해 비비면서 설명한다. 누구라도 '손'이 '혀'로 형상화되어 이해를 못 할 수 없다. 또한, 주인공 모솔(모태솔로) 이제훈이 "왜 첫눈이 오는 날, 그녀에게 만나자고 해야 해?"라고 바보같이 묻자 조정석이 답한다. "말을 말자. 인수분해도 모르는 놈한테 미적분을 가르치고 있으니…" 이처럼 상대는 아직 인수분해도 이해하지 못했다. 그런데 우리는 미적분을 설명하는 경우가 많다.

"그건 뭔 말이야?! 다시 한번 말해봐."

"무슨 프로젝트야? 누가 했다고? 주어는 어디 갔어?!"

"뭐? 나 정신없는데, 뭐라고? 다시 말해봐?!"

한 성깔 하는 팀장들이 답답할 때 주로 던지는 말투다. 필자는 결론을 말하기 직전, 서언(머리말)을 한 컷 넣을 것을 권한다. 보고서도 말도 마찬가지이다. 상대를 잠시 주목시키는 서두를 한마디는 넣어야 한다. 지금은 종료된 TV 프로그램 〈개그콘서트〉, 〈웃찾사〉에는 '바람잡이 개그맨'이 있다. 공개녹화 특성상 공연 시작 전에 현장 분위기를 띄우는 역할을 한다. 바람잡이는 자신의 장기, 만담, 슬랩스틱을 통해 서먹한 고객에게 웃음이 시작되도록 유도한다. "이제 웃을 준비를 하세요."라고 카펫을 깔아주는 것이다. 소통도 마찬가지이다. 즉각 비즈니스에 몰입하면 상대는 잠시 주춤하게 된다. 생각을 정리하도록 서언을 넣어주어야 한다. 서언 다음에 곧바로 결론을 말하면 상대는 답답함이 없고 시원시원한 어감을 느끼게 된다.

"A프로젝트에 대해 잠시 보고드리겠습니다."(서언)
"결론적으로 2% 원가 상승했습니다."(결론)

"아침 회의 내용의 보고입니다."(서언)
"2단계 TF가동 및 5% 수익을 증진하겠습니다."(결론)

2 단번에 해독하는 도표 정리법

여기서 도표란 여러 자료를 분석하여 정보의 관계를 그림이나 표로 나타낸 것을 의미한다. 우리는 상사로부터 오더를 듣는 순간, 텍스트로 해석하는 것보다는 도표적으로 해석하는 것이 유리하다. 텍스트로 답을 하게 되면 글이 길고 복잡하게 보일 수 있다. 물론 1, 2, 3으로 정리한다면 간략하게 표현할 수 있지만, 한 발 더 앞서 도표로 표현하면 단번에 해독할 수 있다는 장점이 있다.

상사가 다음과 같은 지시를 하고, 텍스트로 서술한 것과 도표로 정리한 것을 비교해 보면 어느 것이 더 일목요연한지 알 수 있다.

상사: "프로젝트 a, b, c 별로 거래선, 담당, 납기, 금액, 용량을 보기 좋게 만들어서 가져와."

〈Bad〉 텍스트 서술

1. 프로젝트 a의 거래선은 대기업, 담당은 홍길금, 납기 7/20, 금액은 30억, 용량은 30톤
2. 프로젝트 b의 거래선은 중기업, 담당은 홍길은, 납기 8/20, 금액은 20억, 용량은 20톤
3. 프로젝트 c의 거래선은 소기업, 담당은 홍길동, 납기 9/20, 금액은 10억, 용량은 10톤

텍스트 표현도 나쁘지는 않다. 하지만 변수가 복잡할수록 나열된 문자로 상대의 뇌가 부담을 느낀다. 심플하게 압축된 도표를 활용하는 것이 좋다.

〈Good〉 도표 정리

프로젝트	거래선	담당	납기	금액	용량
a	대기업	홍길금	7/20	30억	30톤
b	중기업	홍길은	8/20	20억	20톤
c	소기업	홍길동	9/20	10억	10톤
합계				60억	60톤

도표를 그리는 경우에는 좌측에는 프로젝트를 나열하고, 상단에는

거래선, 담당, 납기, 금액, 용량을 명기해서 표로 구상한다. 합산의 표현이 용이한 것도 도표이다. 상사도 단톡방에서 보고 받은 도표를 그대로 상위자에게 복사 & 붙여넣기 하기에도 편리하다.

내가 제출한 자료를 팀장이 보더니, 첫인상에 표정이 일그러진다. 그 이유가 뭘까? 자료의 내용에는 특별한 문제점이 없다는 가정하에 다음과 같은 서비스의 부족이 예상된다.

첫째는 글자 폰트가 작아서이다. 특히 발표 자료에 글자 폰트가 작으면 팀장들이 짜증을 낸다. 노안이라는 나이의 부산물로 인해 4~50대는 난독증이 오는 것이다. PPT와 같이 발표 자료를 만드는 경우에는 14폰트 이상을 사용할 것을 권한다.

둘째는 장문으로 작성했을 경우다. 긴 문장은 가독성이 떨어지고 집중력이 저하된다. 주어도 목적어도 도대체 찾을 수 없고, 무엇을 의미하는지 갈피를 못 잡는다. 가급적 도표를 사용해서 정보를 압축하거나, 1, 2, 3으로 요약정리를 해주어야 한다.

셋째는 너무 화려하고 복잡한 도표다. 숫자와 인포그래픽을 사용해 메시지를 넣었는데, 구성과 디자인은 좋지만 내가 무엇을 전달하려고 하는지가 불분명한 경우이다. 즉 '보기는 좋은데, 맛이 없는 경우'가 된다. 너무 복잡한 그래픽은 오히려 메시지를 망치므로 주의해서 사용해야 한다.

반면, 발표 시 상대방의 액션을 끌어올리는 말투가 있다.

첫째는 "여기서부터 집중하십시오."이다. 자칫 지루한 오후 시간이나, 복잡다단한 일로 딴생각하는 상대를 위해 환기를 시키는 것이다. 청중은 이 문장의 뒤에 나오는 얘기에 의당 집중하게 된다.

둘째는 "지금이 메모할 시점입니다."이다. 요즘에는 물론 메모보다는 핸드폰을 들이댄다. 곧바로 찍어버리거나 동영상을 촬영한다. 메모를 하라는 의미는 그만큼 결론을 정리해주겠다는 암시다.

셋째는 "이 점이 돈이 됩니다."이다. 돈이라는 단어는 모두를 집중시킨다. 길거리에서 돈을 세면 어디선가 사람들이 모이거나 주시한다. 여기서 돈은 가치를 의미한다. 이 발표에 소중한 부분이 지금 이 순간이라는 의미이기에 상대는 경청한다.

3 결재자 모두를 아우르는 결재상신

결재가 가장 어려운 경우는 직속상관과 그의 보스가 이견이 있는 경우다. 예를 들어, 내 위에 팀장과 그 위에 본부장의 생각이 다른 경우이다. 나는 팀장의 의견대로 작성해야 하는가? 아니면 본부장의 생각을 반영해야 하는가?

본부 워크숍을 기획하는 팀원이 팀장에게 기안을 올린다.

Bad

엔드유저인 본부장을 생각하는 팀원과 팀장의 대화이다.

팀장: "본부 워크숍 기획안 좀 가져와 봐."

팀원: "네, 팀장님. 본부 워크숍 기획안입니다. 검토해 주십시오."

팀장: "저녁 식사는 어디에서 하는가?"

팀원: "횟집을 준비했습니다."

팀장: "횟집 말고 다른 것은 없나? 자네도 알지만 난 회를 안 먹어."

팀원: "(이걸 말해야 하나?) 죄송합니다만, 본부장님이 회를 좋아하셔서 장소를 그렇게…"

팀장: "(내가 싫어하는 걸 알면서도. 괘씸하군) 자네는 본부장님과 일하게!"

이렇듯 우스갯소리 같지만, 실제 직장에서 자주 일어나는 일이다.

Good

엔드유저인 본부장과 팀장까지 모두 아우르는 방법으로 접근한 팀원의 예제이다.

팀장: "본부 워크숍 기획안 좀 가져와 봐."

팀원: "네, 팀장님. 본부 워크숍 기획안입니다. 검토해 주십시오."

팀장: "저녁 식사는 어디에서 하는가?"

팀원: "네, 1안 고깃집, 2안 중국집을 준비했습니다." (선택지 제시)

팀장: "난 1안. 다만, 나는 회를 안 먹지만, 본부장님은 회를 좋아하시 잖아? 그건 어떡하지?"

팀원: "고깃집에 사전에 양해를 얻어, 횟집에서 회를 공수해서 본부장님 배석 자리에 준비해 놓으면 어떨까요? 고기와 회를 동시에 드시니까 본부장님도 만족할 수 있습니다." (문제점 제거)

팀장: "(오호, 아이디어 좋군) 그래, 본부장님이 즐거워야 행복한 워크숍이 되지."

다음은 인사팀장이 신임 사장에게, 처음으로 임원들의 평가를 보고하는 상황이다. 신임 사장은 본인 휘하에 있는 임원들의 평가를 제대로 한번 해보려고 마음먹은 상태이다.

Bad

엔드유저인 회장을 위주로 답변하는 인사팀장의 예제이다.

팀장: "사장님, 임원 인사평가안입니다. 검토해 주십시오."

사장: "그래요. 으흠, 어디 보자. 근데 이건 뭔가? 왜 회장님이 최종결정하시지?"

팀장: "매번 임원의 경우에는 회장님께서 컨펌을 하십니다. 그래서…" (기준 제시 X)

사장: "(내가 명색이 사장인데) 이 사람아, 사장이 결정하면 끝이지, 회

장님께서 뭐 하러 또 보시나?"

팀장: "항상 그렇게 하셨습니다. 전결처리를 해도 회장님이 보고 싶어 하십니다." (강제성)

사장: "(날 초짜라고 무시해?) 그럼, 결정은 내가 하고, 회장님께는 참조로 보고만 드려."

이후, 사장이 회장께 직접 결재를 득하면 되는데 통상 궂은 일은 인사팀장에게 시킨다.

+Bad

결국 인사팀장이 회장께 결재를 받으면서 위기에 처한다.

팀장: "회장님, 임원 인사평가안입니다."

회장: "그래, 봅시다. 이건 좀 이상한데? 영업의 김 상무는 실적이 좋은데 왜 'C'인가?"

팀장: "(난감하네. 사장님 탓을 할 수도 없고) 금년 플랜트산업 경기가 워낙 호조로 인해 김 상무의 영업실적도 그렇게 평가한 듯합니다."

회장: "누가? 사장이? 내가 금년 초에 업적평가를 중시한다고 그룹 내 천명하지 않았나?"

팀장: "(어쩔? 완전히 꼬였네) 사장님이 아니라…"

회장: "내가 다시 평가해 놓을 테니, 한 시간 후에 비서실을 통해 받아서 정리해."

이렇듯 회장과 사장의 생각은 다를 수 있다. 회장은 사장 다음에 섀도캐비닛(Shadow Cabinet: 그림자내각)을 염두에 둔다. 혹시 모를 사장 부재의 사태에 대비해서 2인자를 육성해야 한다. 반면 사장의 입장에서는 1인자 자리를 계속 유지해야 한다. 그렇기 때문에 정치적인 사장의 경우 2인자를 정적으로 인식하여 제거하려는 생각을 가질 수 있다. 이런 경우에 인사팀장은 사장과 회장 사이에서 희생양이 되곤 한다.

Good

인사팀장은 사장에게 결재 시, 엔드유저인 회장의 의지를 맞추면서 회사의 기준을 명확하게 제시하여 상호 이견이 없도록 결재를 득해야 한다.

팀장: "사장님, 임원 인사평가안입니다. 검토해 주십시오."

사장: "그래요. 으흠, 어디 보자. 근데 이건 뭔가? 왜 회장님이 최종결정하시지?"

팀장: "네, 인사규정이 임원 인사는 회장님 결정입니다." (기준 제시)

사장: "(아, 기준이 있구나) 사장이 결정하면 끝이지, 회장님께서 뭐 하러 또 보시나?"

팀장: "회장님은 의당 사장님 의견을 존중합니다. 평가를 번복한 경우도 적습니다." (배려)

사장: "그래? 내가 평가를 기재할 테니, 추후 회장님이 코멘트하면 나에게 역보고 해줘."

팀장: "네, 알겠습니다."

19

보고서 작성에 논리를 더하다

1 Background. 보고서의 서막

"이 보고서는 무슨 이유로 작성했지?"

"갑자기 본론? 갑툭튀와 TMI로 정신이 없어!"

보고서를 받아 든 상사가 갑지를 뒤로 젖히자마자 하는 얘기다. 내가 보기에는 잘 만들었는데 트집을 잡으려고 한다는 생각에 야속하기만 하다. 때로는 어제 지시한 것도 기억을 못 하는 상사를 보면서 치매 초기라고 치부한다. 하지만, 이런 지적을 자주 받는다면 혹시 보고서의 배경(Background)이 없는지 확인할 필요가 있다. 의당 보고서를 왜 썼는지 알아야 하는 상사이지만, 멀티잡으로 인해 머릿속이 복잡하므로 프롤로그 한 줄을 넣어주자.

기획팀장이 출장 중에 단톡방에서 정 대리에게 업무지시를 내렸다.

팀장: "정 대리, 조금 전 사장실에 갔는데, '엘더제도'를 말씀하셨어. 즉, 신규입사자에 대하여 OJT와 상담을 제도화할 것을 오더하신 거야. 입사자의 정착률을 높이고 그들의 아이디어를 조기에 수렴하여 조직 활성화를 할 수 있도록 원하신다네. 본 제도에 대한 내용을 간략하게 정리해서 단톡방에 올려 주게."

팀원: "(열심히 받아 적으며) 네, 알겠습니다."

Bad

정 대리는 신속하게 정리해서 파일을 업로드한다.

제목: 신규입사자 엘더제도 추진안
사장님의 지시로 아래와 같이 진행하고자 함 1. 진행 대상: 신규입사자(신입 및 경력) 2. 담당: 각 팀 대리급(Eldor) 3. 일시: 10/1일부터 실시 4. 방법 1) 멘토 설정(Lsit-up) 2) 상담일지 작성 및 보고 5. 주요 내용 1) 입사 후 3개월 이내의 신규입사자를 대상으로 2) 엘더(멘토)를 선임하여 OJT 및 교육을 실시 3) 면담하는 과정에서 회사 정착 유도 및 건의사항 수렴

팀장은 내용은 괜찮은데 추진 배경과 효과가 없다고 생각했다. 느닷없이 사장님 지시로 진행한다는 것이다. 그래서 우리가 추진 배경이

없이 자료를 제출했을 때 상사로부터 "느닷없이, 밑도 끝도 없이, 갑자기 왜 이런 자료를 작성했나?"라는 핀잔을 듣게 된다. 대부분의 기안자가 의외로 배경을 생략하는 경우가 많다. 윗분이 지시했으므로 당연히 기억한다고 생각한다. 상대방이 그 일만 쳐다보고 있으면 그렇지만 다중 업무에 시달리는 현대인들은 잃어버렸다고 생각하는 핸드폰을 들고 배우자에게 전화해서 찾아달라고 할 정도로 바쁘게 산다. 위의 예시에서도 설령 사장이 강하게 진행을 명했어도 정책 추진에는 명분이 필요하다.

Good

팀장은 정 대리에게 배경 및 효과를 주문했다. 정 대리가 다시 업로드한 자료이다.

제목: 신규입사자 엘더제도 추진안

1. 추진 배경
   1) 신규 채용한 인재의 조기 정착 목적
   2) 입사 후 일정기간 내 엘더(멘토) 보좌로 정착률 제고
   3) 사장님의 특별한 지시로 진행(경영위원회, 5월)

2. 추진 효과
   1) 건전한 조직문화 육성 및 조직활성화
   2) 신선-다양한 아이디어 수렴 후 정책에 입안
   3) 장애요인 저감으로 퇴사율 저감(현재 1.2→5년 이상)

3. 주요 내용

1) 대상: 신규입사자(신입 및 경력)

2) 담당: 각 팀 대리급(Eldor)

3) 일시: 10/1일부터 실시

4) 방법: 멘토 설정(Lsit-up)/ 상담일지 작성 및 보고

추진하게 된 배경과 효과에 대하여 기재를 하면 목적이 뚜렷해진다. 아무리 좋은 기안이라 할지라도 배경 없이 곧바로 본문으로 들어가는 것은 두서가 없다. 보고서는 영화 대본이 아니다. 임팩트 있는 카타르시스보다는 스토리텔링이 필요하다. 여러분이 사장이라도 해당 프로젝트에 대하여 명분이 있는 배경을 담당자가 의당 작성하리라 믿을 것이다.

2 MECE. 중복, 누락 없는 논리

김사부: "너 왜 수술방에서 써전(외과전문의)에게 마스크를 씌우는 줄 알아?"

강동주: "그야 오염되지 말라고.. 하는 것 아닙니까?"

김사부: "주둥이 채우고 실력으로 말하라는 거야. 수술은 실전이야!"

2023년 18% 시청률의 SBS 드라마 〈낭만닥터 김사부3〉에서 김사부(한석규 役)가 강동주(유연석 役)와 벌이는 설전이다. 강동주는 의대에 입학하여 예과 6년간 올 수석에 수련의, 전공의를 마스터한 엘리트이다.

외과전문의 자격증은 전국에서 1위 했다고 일갈하는 그에게 김사부가 한마디 던진다. "글쎄, 그런 건 뭐 하러 전국 수석을 하고 그래? 정작 수술방에서는 석션인지 컷인지 구분 못 하고 버벅대면서!"

〈낭만닥터 김사부〉 시리즈가 2016년부터 롱런하는 이유는 김사부가 던지는 신속하고 대담한 결행과 촌철살인의 결언 덕분이다. 상대방 입장에서는 야박할 수 있지만, 시청자는 왠지 모를 동질감과 쾌감을 느끼게 된다. 우리의 상사의 질문도 반박하기 어려운 말들이 있다. "자료의 논리가 없고, 앞뒤가 안 맞잖아." "뭔가 부족하면서 중복도 있고 정신없네?"

내 뇌의 한계를 끌어올려 데이터를 수집, 가공, 정리했는데 대체 뭐가 부족하다는 것인가? 바로 누락, 중복으로 논리가 뒷받침되지 않기 때문이다. 이런 논리력을 시스템적으로 사고하기 위하여 세계적인 컨설팅기업인 매킨지가 고안해낸 방법이 MECE(Mutually Exclusive Collectively Exhaustive)이다. MECE는 상호배제와 전체포괄을 의미한다. 즉, 어떤 사항을 중복 없으면서 누락도 없도록 파악하는 것을 의미한다. 상호배제로 인해 중복이 없어지고, 전체포괄은 누락과 착오를 방지한다.

내가 주장하고 싶은 것을 상대방에게 관철하기 위해서는 명백한 논리를 세워야 하는데 MECE 만한 툴이 없다. 먼저 전체를 알고 세부적인 데이터들을 누락 없이 모아야 한다. 그 데이터에서 의미를 찾아 전체 숲에 대한 것을 어필하거나, 그 데이터의 분석에서 특징을 보고한다. 이렇게 하면 누락, 중복, 오류로 인한 추가 질문을 없앨 수 있다.

제대로 된 MECE의 예제는 다음과 같이 사계절, 방위, 시간으로 설명하고자 한다.

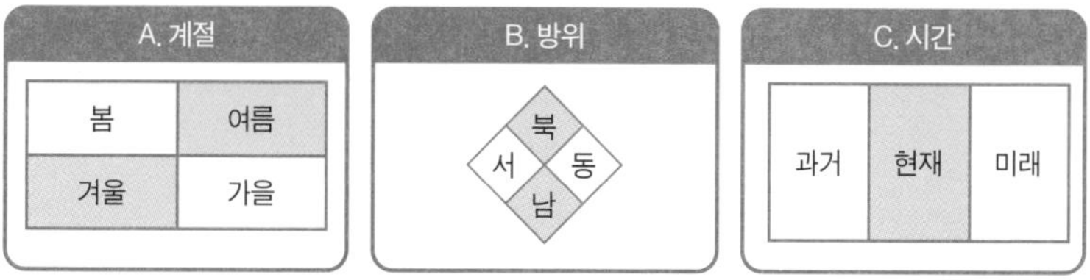

MECE 예제

A. 계절은 날씨의 변화를 기준으로 나눈 것이다. 열대지방은 우기와 건기로 나눌 수 있으나, 온대지방에서는 사계절이 MECE이다. 봄, 여름, 가을, 겨울이 각기 다른 특성으로 이루어지기에 중복(사계절이 중복될 수 없다), 누락(사계절 이외에 다른 계절이 없음)이 없다.
B. 방향은 동서남북이 MECE이다. 중복되거나 누락되는 방위가 없다.
C. 시간상으로는 과거와 현재, 미래가 MECE이다. 타임머신 이외에는 미래에서 과거로 회귀할 수 없다.

예를 들어, 내가 담당자로서 영업기획팀 운영전략을 수립하고자 한다. 사장은 영업부서와 함께 1. 스마트하고, 2. 재미있고, 3. 담대한 계획을 세울 것을 지시했다. 본부장은 1. 전략적 의사결정 강화, 2. 상품

기획, 3. 매출채권 강화, 4. 혁신활동의 4대 중점업무를 추진할 것을 명한다. 복잡해서 팀장에게 물어봤더니, 정리는커녕 본인이 생각하는 금년도 중점전략은 1. 조직문화 활성화, 2. ERP 개선, 3. 영업관리 표준화라고 얘기한다. 여러분이라면 이런 숙제를 어떻게 중복과 누락 없이 MECE하게 만들 것인가?

Bad

우선 도표로 정리해서 팀장에게 가져갔다. "정리했습니다. 이 정도면 어떻습니까?"

순번	지시사항		
	사장님	본부장	팀장
1	스마트하고	전략적 의사결정	조직문화 활성화
2	재미있고	상품기획	ERP개선
3	담대하게	매출채권 강화	영업관리 표준화
4		혁신활동	

팀장이 도표를 보더니, "이건 각자의 지시사항이고, 이걸 조합해서 결론을 만들어야지. 그리고 중복과 누락 없이 제대로 좀 만들어봐."라고 얘기한다.

Good

온종일 조합하여 다시 만들었다. 사장이 요구한 Smart, Funny,

Audacious를 기본으로 하고, 본부장이 언급한 의사결정, 상품기획, 매출채권, 혁신활동을 분배했다. 팀장이 얘기한 것은 사장이 언급한 재미있는 조직문화에 포함하여 가운데에 표현했다. 팀장이 칭찬한다.

"최고의 조합이군. 중복, 누락도 없고, 잘했어!"

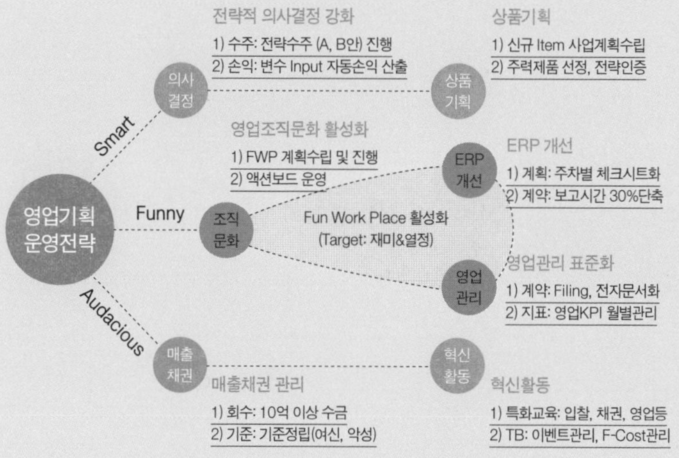

3 So What, Why So. 매력적인 근거

"바둑에 그냥이라는 것은 없어. 어떤 수를 두고자 할 때는 의도가 있어야 해."

직장인의 애환과 삶을 바둑에 묘사한 드라마 〈미생(未生)〉에서, 바둑 스승이 장그래가 그냥 둔 바둑알을 놓고 문답하는 명대사이다. 직장 상사는 보고를 하는 나에게 질문을 던진다.

"자네, 구체적으로 결과가 뭔가?"(So What)

"왜 그렇게 말할 수 있나?"(Why So)

보고에 몰두하다 보면 내가 얘기하고자 했던 의도를 잊어버리는 경우가 있다. 상사가 던지는 이 질문에 갑자기 멍해져 버리는 것이다. '내가 뭘 말하려 했지?' '애당초 어떤 의미를 두고 접근한 것인데 그게 뭐였지?'

이런 해프닝의 원인은 보고 준비가 안 된 것이 아니라 논리 구조가 미흡하기 때문이다. 이런 과오를 방지하기 위한 방법으로 누가 봐도 탄탄하게 구조화를 해야 한다. 상사가 내가 한 말에 대하여, 이 정도면 해당 과업에 대하여 철저하게 준비했다는 그림이 그려져야 한다.

다음 도표로 설명을 해보자.

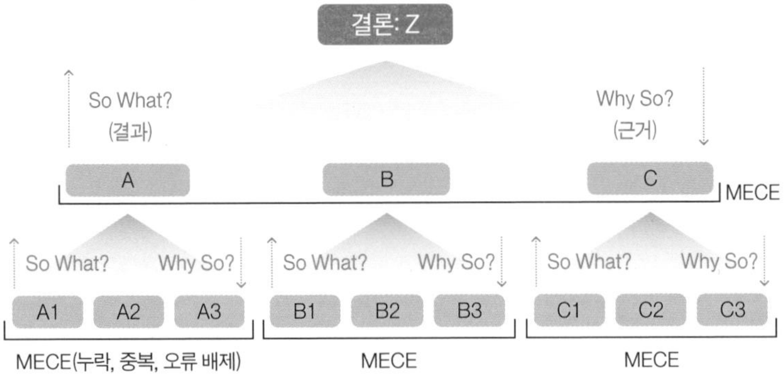

So What? Why So? 예시

A, B, C라는 데이터의 결과(So What?)가 Z라면, Z에 대한 원인(Why So?)이 A, B, C로 답변이 되어야 한다. 마찬가지로 A와 A1, A2, A3는 〈So What, Why So〉의 관계로 정립되어 있어야 한다. 내가 "결론은 Z입니다."라고 보고했을 때, 상사는 우선 A, B, C를 확인한다. 그리고, A의 논거인 A1, A2, A3와 함께 B, C의 논거도 차례로 검토할 것이다. 그 질문이 "결과는 뭐고, 근거는 무엇인가?"이다.

다음의 예를 보자. 영업본부 워크숍이 내일인데, 내가 본부장 앞에서 내년도 전략을 한 장으로 발표해야 하는 상황이다. 영업본부는 미주사업부, 유럽사업부, 아시아사업부로 구성되어 있고, 각 부서장에게서 내년도 매출, 수금 및 전략에 대한 자료를 받았다. 본부장을 위해서는 전체를 포괄하는 내용이 필요하고, 각 부서장을 위해서는 각 팀의 전략까지 임팩트 있게 수록해야 한다. 여러분이라면 어떻게 정리하겠는가?

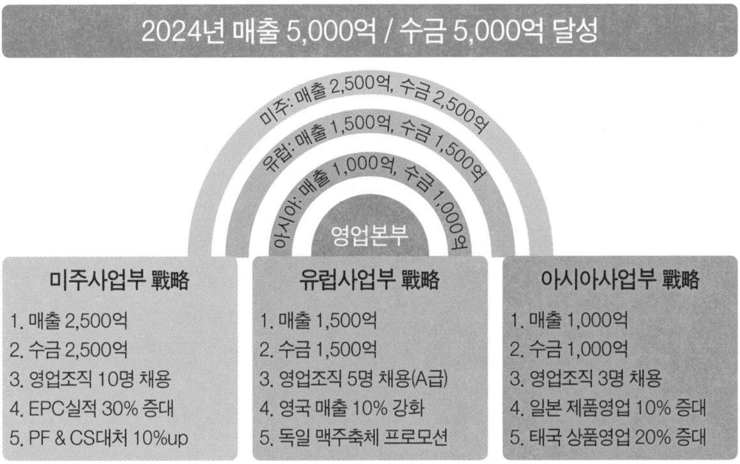

이 정도의 정리를 하면 〈So What? Why So?〉를 충족하는 수준이다. 가장 중요한 매출과 수금에 대한 인과가 확실하기 때문이다. 상사가 되묻거나 답변이 논리적일 필요가 있는 것에 사용하는 것이 〈So What, Why So〉이다. 꾸준히 피라미드 형태를 그리며 연습하다 보면 자연스럽게 생각이 구조화된다. 또한, 〈So What, Why So〉는 논리의 비약을 굳건히 막는다. 내 논리를 주장하기 위해서 단계나 사고를 비약적으로 뛰어넘으려 하는 것을 멈춰 세운다. 〈So What, Why So〉는 그런 비약의 경계선을 굳건히 지킴으로써 생각의 오류를 방어한다.

발표를 하기 전에 연습하는 과정에서 항상 〈So What, Why So〉를 자문해 보자. 결론이 맞는지 그에 따른 근거가 있는지를 자답하는 과정에서 주장하고자 하는 내용의 한계도 발견하게 되고, 방어할 수 있는 아이디어도 얻을 수 있다. 발표 시 상대방이 지적하는 사항에 대하여 자신감 있게 답변할 수 있는 것은 애드리브가 아니라 미리 적응해 둔 대비 덕분이다. 이런 상황에 가장 심플한 논리도 역시 〈So What, Why So〉이다.

20

호사유피(虎死留皮) 나만의 보고 전쟁 승리 전략

1 Weekly Scheduler. 주간 계획을 내 손 안에

상사들이 끝도 없이 업무 지시를 하지만, 유연하고 신속하게 대처해야 한다. 상사가 원하는 납기일에 앞서서 내가 업무를 처리하는 방법을 얘기하고자 한다. 물론 말로 보고를 하면 되지만, 문서로 정리가 된 상태에서는 훨씬 답변이 수월하다. 자료를 보면서 답변하는 것은 편리할 수밖에 없기 때문이다.

주간업무계획서를 작성해 보자. 일주일간 무엇을 하고 어떤 일을 가장 중요하게 처리해야 하는지에 대하여 업무 차트와 중요 미션을 정리한다.

주간업무계획서

핵심과제	고객관련	학습/성장

구분			월요일(10/2)			화요일(10/3)			수요일(10/4)			목요일(10/5)			금요일(10/6)		
항목	From	To	업무	중요	구분	업무	중요	구분	업무	중요	구분	업무	중요	구분	업무	중요	구분
오전	7	8	출근			출근			출근			출근			출근		
	8	9	팀장미팅	중	내부	업무정리 (군산사업 PT)	중	Me	경영혁신 과제 선정	상	Me	업무정리	중	내	주간업무 정리	중	Me
	9	10										농가보급로봇	상	Me	로봇EPC PF체결(YBK증권)	상	Me
	10	11	용산이동	상	Me							DDC혁신방안 정리	중	장S			
	11	12	A사미팅			전주출발	중	Me									
	12	13	중식			전주이동			중식			중식	중	Me	중식		
오후	13	14	분당이동						2024사업계획 발표	상	Me	광주이동			업무일지 ERP화	상	Me
	14	15	A사 개발사업 입찰제안/PT	상	Me	B사 미팅 (새만금사업)											
	15	16							회사이동			AI정보타운 미팅					
	16	17							전략설계시간	중	Me				레이아웃 선정회	하	장S
	17	18													MBO미팅	하	장S

중요업무	1	A사 입찰신청	상	Me	온라인 마케팅	중	Me	'24 사업계획	상	Me	농가보급로봇	중	Me	로봇EPC PF	상	Me
	2	AI 관공협업	중	Me	로봇lem전략	중	Me	경영혁신 선정	중	Me	DDC혁신방안	중	장S	일지 ERP화	상	Me
	3	휴머노이 계약	하	장S	군산PJT기획	중	장S				AI정보타운 M	중	Me	레이아웃 선정	하	장S
	4				영업견적 협조	하	장S							팀별 MBO 회의	하	Me
	5				업무정리	하	장S									

Weekly Scheduler

우선, 요일별로 오전, 오후를 구분하고 반복되는 회의를 기재한다. 차주에 진행해야 할 중요하면서 긴급한 업무를 하단 중요업무란에, 그 업무를 요일별로 배분한다. 배분된 업무는 시간을 고려하여 전략적으로 배치한다. 그 주에 해야 할 가장 중요한 일 세 가지를 추린다. 적색으로 표시하고 반드시 주중에 해치운다. 매주 수요일의 오후 3시부터는 전략 설계, 블루타임 등 아이디어 창출 시간을 넣는 것을 권한다. 미래 전략적 사업추진에 대한 새로운 제안의 창출 시간을 나에게 부여하는 것이다. 일주일을 설계하다 보면 무엇을 해야 하는지 확고한 이정표가 생긴다. 그것을 이루기 위해 지금 무엇을 해야 하는지를 알기에 사전행동을 이끌어낸다. 만일 차주 화요일에 투자심의 회의가 진행된다면, 나는 오늘 투자심의계획서 초안을 작성해 놓아야 한다. 이렇듯 주간업무계획서는 가야 할 명쾌한 방향성을 제시하고 행동을 진행하도록 돕는다.

② Order List. 숲을 보고 나무를 어필

오늘도 팀장이 단톡방에서 계속 업무를 지시한다. 업무를 지시한 것이 하도 많아서 휴일에도 환청이 들릴 정도이다.

"어제 지시한 개발사업 기획안은 어떻게 되었지?"

"며칠 전에 얘기한 A프로젝트 마케팅 방안은 다 되었으면 좀 줘."

"지난번에 급하다고 카톡 보낸 신제품 제조 아웃소싱 방안 말이야. 내일 출력 좀 해줄래?"

팀장은 왜 이리도 많은 업무를 나에게만 지시하는 것일까? 팀에 나만 있는 것도 아니고, 다른 팀원들은 세렝게티의 얼룩말들처럼 저렇게 여유롭게 채팅하고 있는데, 나는 사무실에서조차 뛰어다니곤 한다. 팀장의 눈에는 내가 일이 없는 것처럼 보이나? 아니면 일을 시킨 것을 잊어버린 것인가?

사실, 팀장도 모든 것을 보고 있을 것이다. 팀장이 나에게 일을 집중적으로 시킨다는 것은 내가 그만큼 일을 잘해서이다. 그러나 편중된 부하량은 직장생활에서는 독이 될 수 있다. 일잘러는 비슷한 연봉을 받고 오히려 많은 일을 해야 하기 때문이다. 업무에서는 승자이지만 워라벨로는 패자가 된다. 멋지게 두각을 나타내면서도 과중업무로부터 벗어날 수 있는 방법이 없을까? 팀장을 VIP로 모시는 것이다. 팀장이 나에게 지시한 것을 별도로 스케줄링해보자. 팀장만을 위한 지시사항 업무 보고서를 사전에 준비해 놓고 팀장이 찾으면 들이미는 것이다.

팀장 지시사항 진행보고

핵심과제 | 진행완료 | 문제사항

순번	팀장지시사항				진행현황			비고
	항목	중요	세부내용	기한	예정	현재 진행사항	향후 방향성	
~~1~~	~~국제포럼 참석~~	~~하~~	~~'21년 베트남 Robot국제포럼 추진회의 참석~~	~~10/20~~	~~완료~~	~~여의도 참석완료10/20 (미래 로봇포럼 보고서)~~	~~각 팀별 포럼방청 참석 필요~~	
~~2~~	~~전시회참석~~	~~중~~	~~국제로봇엑스포 VIP 참석 의전~~	~~10/22~~	~~완료~~	~~의전 완료(10/22)~~		
~~3~~	~~베트남 세미나~~	~~하~~	~~베트남 산업무역부 AI 로봇총국 대표자 세미~~	~~10/25~~	~~완료~~	~~세미나 완료(10/25)~~	~~자료 사전 작성(각 팀) 취합 및 세련화(기획팀)~~	
4	중점 보고서	중	AI 버그봇 미래: 아이베스트 투자증권 레포	11/8	11/6	중요내용 발췌완료(3p) 1Sheet 정리중	1차보고(11/5), 종결보고(11/6)	본부장 보고
5	로봇 EPC보고	중	제주사업장 로봇EPC 설비 개선 방안 보고	11/8	11/7	제주 방문완료(10/25) 로봇설비 개선방안	종결보고 예정(11/7)	
6	신규Item	상	중국 맥스웰봇 출장보고서(생산설비 검토)	11/10	11/9	중국출장 完(11/1~3) 생산설비 Capa.검토중	생산설비 전문가 동행 요망	중간보고 (11/3)
7	AI CM양산보고	중	4월 AI CM양산에 따른 Base자재 수급 보	11/12	11/11	로봇Base 테스트(11/1) 자료 전달받음(11/3)	자재수급관련 보고서 작성	최초보고 (11/4)
8	AI EMS 시스템	중	가정용 AI EMS 보고서 작성(One Sheet)	11/15	11/17	EMS정보 수집 어려움 가정용AI 사업진행 불	가정용AI 기술부미팅 (11/1)	보고방향 설정요망
9	근태 ERP Sys.	중	재택관리(52hr) 명확화, 외근관리 체계화	11/15	11/17	근로법 점검(인사팀) 재택관리 Tool정비	근태 전산미팅(11/2) 재택 방향미팅(11/3)	보고방향 설정요망

VIP Order List

팀장이 또 나를 찾는다. 진행보고서를 보여주고 설명하면 끝난다.

팀장: "내가 얘기한 로봇EPC 기획안과 근태 ERP시스템은 어떻게 되었지?"

팀원: "(자료를 보여주면서) 팀장님께서 일자별로 지시하신 사항을 정리해 보았습니다. 지금 말씀하신 5번 로봇EPC 기획안은 현재 로봇설비 개선안 부분을 작성 중이며, 11월 7일까지 종결 보고 드리겠습니다. 그리고, 9번 근태 ERP시스템은 근태 관련 전산 미팅을 통해 진행해야 하기에 시간이 좀 더 필요합니다."

팀장: "(내가 지시한 것을 하나도 누락 없이 이렇게 관리하다니) 그래, 관리 잘하고 있네."

팀장은 자신만을 위해 만든 스케줄표에 매우 흡족해할 것이다. 그리고 부하량이 너무 많이 편중되어 있다고 판단하여 업무를 다른 팀원에게 분배해 줄 수도 있다. 만일 본부장, 사장 등 나에게 직접적인 지시자가 있다면 별도로 이렇게 만들어 두면 관리가 편하다. 본부장 혹은 사장이 찾으면 역시 본 진행보고표 한 장만 가져가면 질문에 전략적인 답변이 가능하다. 필자의 경우에는 경영진별 별도의 오더리스트를 엑셀로 시트별 관리한 바 있다. 상사들은 내가 준비된 사람이라고 판단하기 때문에 신뢰를 쌓을 수 있다.

3 4Block Diagram. 과제 순서를 한눈에 도식화

4Block Diagram이란 한 장의 종이를 4등분하여 데이터, 프로젝트를 의미 있게 정리하거나 전략적으로 배치하는 것을 의미하며, 예제로서 '아이젠하워 책상 정리법'이 있다. 미국의 34대 대통령 아이젠하워가 국정 운영상 복잡다단한 일들을 효율적으로 처리하기 위해 집무실 책상을 4등분하여 중요 순으로 구분-배치하여 업무 효율성을 높인 방법을 일컫는다.

그 이후 보스턴컨설팅그룹이 BCG(Boston Consulting Group) Matrix로 활용하면서 훌륭한 경영기법의 하나로 사용되었다. 기업의 제품개발과 시장전략 수립을 위해 가로축과 세로축을 각각 성장률과 시장점유율로 도표화하여 4개의 분면에 사업 아이템을 배치하여 포지셔닝(Positioning)한다. 그 위치에 따른 향후 포지셔닝의 방향성을 결정하는 것으로서, 포트폴리오전략의 핵심적 Tool로 널리 사용되고 있다.

상사들의 지시사항을 오더리스트로 정리했다면 무엇이 중요한지를 한눈에 알아봐야 한다. 내가 아이젠하워가 되어보는 것이다. 오더리스트 중에 중요도와 긴급도를 기준으로 보고서를 4분면에 맵핑해보자.

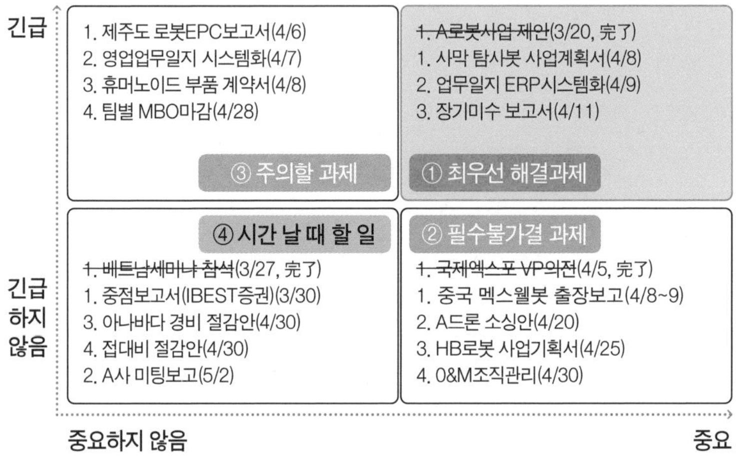

4Block Diagram

긴급한 것과 중요한 것 중 어느 것이 더 우선할까? 보통은 긴급한 것을 먼저 하지만, 장기적으로 보았을 때는 중요한 것을 우선해야 한다. 그렇게 하려면 무엇이 중요한지가 구분되어야 한다.

오더리스트에서 중요도 상, 중, 하로 구분한 다음, 마감일을 순서대로 추린다. 엑셀에서 정리해도 좋고, 상기 도표와 같이 메트릭스를 활용하는 것도 좋겠다. 특히, 상사의 지시가 많고 업무 중요도를 구분하고자 한다면 4Block Diagram이 유용하다. 한눈에 보고할 내용을 확인할 수 있고, 그중 우선순위를 정할 수 있기 때문이다.

5장

간단하게, 소통하다

21

상대의 눈과 귀가 오픈되어야 한다

1 메라비언 법칙, 비언어가 소통을 지배

영국의 가수 겸 작곡가인 샘 스미스의 명곡 〈I'm Not The Only One, 2014〉은 부드러운 음색에 차분한 멜로디가 감성을 자극하지만, 내용은 애인이 바람을 피우며 거짓말하는 불륜을 주제로 한다. 클래식컬한 음색과는 별도로 전혀 다른 방향의 파격적인 스토리를 주목하게 된다. 마치 부드럽고 조용하게 막말을 일삼는 사람처럼.

이렇듯, 의사소통에서 가장 중요한 것은 언어(7%)가 아니라, 시각(55%)과 청각(38%)이라는 것이 메라비언의 법칙이다. 미국 UCLA의 앨버트 메라비언(Albert Mehrabian)이 1981년에 저술한 《침묵의 메시지》에 잘 나와 있다. 메라비언 법칙은 화려한 언변보다는 얼굴 표정, 목소리, 행동이 내 주장에 힘을 실어주는 것을 의미한다.

2023년 18%의 시청률을 기록한 〈닥터 차정숙〉을 보자. 20년간 가족들의 식모처럼 살던 차정숙(엄정화)이 의사로 성장하며, 경력 단절 주부의 환골탈태와 남편(김병철)의 외도에 대한 사이다급 복수를 보여주는 내용이다. 필자는 차정숙이 훌륭한 의사라는 것에는 메라비언 법칙이 작용했다고 생각한다. 환자를 위해 진심으로 울고 웃는 모습에서 상대는 감동을 받는다. 말로만 위로하는 것이 아니라, 행동, 자세, 제스처가 설득력이 있기 때문이다. 특히, 슬픈 일에 눈물을 흘리고 기쁜 일에는 박수를 치고 크게 웃는 털털한 아줌마 스타일은 환자에게는 엄마, 누님, 딸과 같은 편안함을 선사한다.

이 드라마에는 속 시원한 메라비언 장면이 있는데, 차정숙과 치프 전소라의 오픈카 드라이브신(scene)이다. 차정숙이 남편의 외도를 알고 기가 막혀 고민하던 중 전소라의 차를 타게 된다. 오픈카의 루프가 열리고, 차정숙은 시원한 공기를 마시며 생존감을 느낀다.

전소라: "(운전하며) 무슨 일 있는 거죠?"

차정숙: "(힐끔 쳐다보며) 있죠. 믿어지지 않네요. 거짓말 같아서."

전소라: "(남편의 외도를 내가 알고 있지) 무슨 일인지 알 것 같아요."

차정숙: "아니요. 절대 모를 거예요."

전소라: "무슨 일인지 알 것 같은데요. 죽여버리고 싶잖아요. 그 연놈들을."

(이때 하늘에서 갑자기 비가 쏟아진다. 오픈카에 폭우가 퍼붓는다.)

차정숙: "(손으로 얼굴을 가리며) 비 와요 비. 문을 닫아요. 뭐 해요? 자기 차 뚜껑도 못 닫아요?"

전소라: "(버튼을 마구 누르지만 안 닫힌다) 지금 닫고 있잖아요. 나도 처음이라 몰라요."

(오픈카 안에서 떨어지는 폭우를 그대로 맞는 두 사람)

차정숙: "하하하. 하하하."

전소라: "지금 웃음이 나와요? 하하하. 하하하."

이렇게 카타르시스가 펼쳐진다. 딱히 정교한 대화가 없어도 남편의 외도-고민-복수로 이어지는 해결을 암시하는 메라비언식 표현이다.

2023년 넷플릭스 최고 화제작 〈더 글로리〉에서 악역을 맡았던 임지연(박연진 役)을 보자. 대화를 하지 않아도, 일그러진 표정과 담배를 물고 썩소를 보이는 장면에서 메라비언 법칙을 단번에 이해할 수 있다. 어린 시절 학폭으로 영혼이 부서진 송혜교(문동은 役)가 온 생을 걸어 치밀하게 준비한 처절한 복수를 그린 내용이다. 문동은이 복수할 때 나오는 음악에 시청자는 벌써 긴장과 함께 카타르시스를 느낄 준비를 하게 된다.

말로 모든 소통을 다 할 수는 없다. 직장에서는 비언어적 요소가 말을 지배하는 경우도 많다. 메라비언 법칙을 잘 이해하면 상대와의 소통에 유익하다.

2 충분히 말하지 못하면 화가 난다

고객과의 만남에서 쉴 새 없이 떠드는 영업자가 있다. 어색한 분위기 자체를 싫어하기에, 대부분의 영업자는 침묵을 두려워한다. 그래서 말을 너무 많이 하는 경우가 있다. 고객이 정신없게 소재가 왔다 갔다 하면서 본인은 재미있다고 생각하지만 아무도 진실된 웃음을 짓지 않는다. 상대방도 할 말이 있고 마음속에 있는 내용을 발설할 시간을 주어야 한다. 오히려 많이 듣는 영업자가 그렇지 않은 경우보다 실적이 뛰어난 사례도 많이 봤다. 특히 술자리에서는 더하다. 충분하게 말하지 못하면 만남 이후 왠지 찜찜함과 모자람이 남는다. 내가 한마디를 하면, 상대도 한마디 하게 놔두어야 한다. 내가 상대의 말을 커트하면 상대는 내심 몹시 불쾌할 수 있다. 대화는 스토리이기에 치고 들어갈 맥락이 끊어지면 재미가 없어질 수도 있고, 키워드를 까먹는 경우도 많다. 상대의 쓸데없는 말 때문에 정작 내가 할 재미있고 진실된 내용을 발설하지 못하는 경우가 생기는 것이다. 이런 관계가 지속되면, 상대방의 사소한 말 자름에도 화가 나서 폭발한다. 결국 이런 상대와는 만날수록 불쾌해진다. 상대가 상사인 경우 내 말을 배려하지 않는 것도 갑질이라고 느낀다.

Bad

팀장에게 팀원이 프로젝트에 대한 인허가 이슈를 보고하는 자리이다.

팀원: "A프로젝트 관련하여 환경청에서 이슈가 발생했습니다. 그 이

유는…"

팀장: "뭐? 사업지에 1급 멸종위기 생물이라도 나왔나?"

팀원: "(잠시 기다리세요) 그게 아니라, 환경영향평가에 의한…"

팀장: "향후 산지 복구비를 내라는 의미지?"

팀원: "(컷숏 이제 그만) 아니요, 그건 지급했고요. 환경영향평가 제33조에 의한 인허가를…"

팀장: "인허가의 절차를 다시 한번 진행하라는 것인가?"

팀원: "팀장님, 제 얘기를 끝까지 좀 들어보십시오. 인허가 심의를 3개월 유예한다고 합니다."

어리둥절한 팀장이 화가 난 팀원을 바라볼 뿐이다. 성급하게 컷숏하는 팀장에게 차분하게 들어주길 바라는 것이다.

Bad

골프를 다녀온 두 팀장이 하는 대화이다. B팀장은 버디한 것을 축하해주길 바라고 있다.

A팀장: "B팀장! 오늘 어땠어? 나는 10만 원 땄어."

B팀장: "(난 버디한 것 자랑해야지) 난 오늘 15m 롱버디 하나 했어. 봤지?"

A팀장: "재수로 들어갔지 뭐. 돈은 당신도 땄잖아. 대체 얼마를 땄어?"

B팀장: "(재수라니? 뭔 X소리?) 뭐 조금. 그런데, 그 롱버디는 정말 멋있었어."

A팀장: "에잇, 15만 원 더 딸 수 있었는데… 젠장. 아쉽네."

B팀장: "(기분 좋게 버디 축하 좀 해주지) 야! 돈독 올랐냐? 너 잘났다. 나 먼저 간다."

뒤도 안 돌아보는 B팀장을 A팀장은 '왜 그래?' 하는 표정으로 바라볼 뿐이다. B팀장은 롱버디 한 것에 격공(격한 공감)이 필요한데, A팀장은 돈 딴 것만 관심이 있자 짜증이 난 것이다.

팀장이 화가 많이 났다. 내가 문제를 발생시킨 팀원이라면 어떻게 해야 할까? 그냥 시간이 해결한다. 팀장이 불같이 화를 내더라도 언젠가는 멈춤선이 있다. 화가 난 상대에게는 폭발하도록 놔두어야 한다. 말리는 시누이가 더 미운 법이다. 차라리 깨려고 마음먹은 상대에게는 확 깨져야 한다. 결국 이성이 감성을 앞지르는 시점이 오면, 상대의 마음도 누그러진다. 해결책을 강구하거나, 다짐을 받거나, 타이르거나, 넋두리를 하는 등 원래의 모습과 평정심을 찾는다. 문제를 지적하며 달려드는 상대방에게 내가 오히려 말을 더 많이 하면, 상대는 두고두고 그 상황을 잊지 않는다. 상대가 충분히 하고 싶은 말을 하고, 울분을 토하도록 놔두는 것이 앙금을 없애는 방법이다.

"그래 이것도 모르나? 도대체 대학은 나온 거야?"

"당신은 몰라도 돼. 그냥 하던 일이나 열심히 해."

"쓸데없이 걱정하는 시간에 업무일지나 잘 써."

"팀장인 내가 알아서 해. 자넨 신경 쓸 것 없어."

이런 무시의 말투도 상대방의 화를 돋운다. 특히 일을 궁금해하는 이에게 "넌 몰라도 된다."는 식으로 여러 사람 앞에서 말하면 영영 인연이 끊어질 수도 있다. 궁금하다는 것은 관심이 있다는 것이다. 따뜻하게 알려주거나, 친절하게 거절하면 될 뿐 무시의 언어로 상대의 입을 막을 필요는 없다. 상대는 모멸감을 느끼면서 입 다물지 모르지만 역시 복수심이 생긴다.

3 면접을 위한 세 가지 팁

2020년 1월 〈무한도전〉 '면접의 신' 편에서는 무한도전 멤버들이 취준생으로 변신하여 기업 면접을 보는 모습을 담아냈다. 배달기업의 면접을 보러 간 조세호와 유재석의 답변을 비교해 본다.

Bad

먼저 조세호가 입구에 서서, 들어올까 말까를 슬랩스틱하며 면접에 임한다.

조세호: "(시건방) 준비된 인재인 제가 배달되어 왔습니다."

면접관: "자기소개 부탁드립니다."

조세호: "저는 '프로봇짐러'라는 별명이 있습니다. 이곳에 봇짐을 풀겠

습니다."

면접관: "(뭔 소리지? 심층으로 키워드 질문) 그 봇짐에 뭐가 들어있나요?"

조세호: "(마무리 안 되네) 아, 네? 열정, 패기, 많은 것들이 들어있습니다." (막말 시전)

면접관: "봇짐을 어떻게 하실 건가요?"

조세호: "그 봇짐을 이곳에 풀고, 재미있게 놀겠습니다." (막말 시전)

면접관: "회사에서 왜 재미있게 놀죠?"

조세호: "(당황+당황) 제가 제일 열심히 하는 것이 노는 것이라서요."

면접관: "치킨을 많이 시켜 먹는다고 하셨는데, 치킨을 좋아하는 편입니까?"

조세호: "네, 집에서 반바지에 생맥과 함께 치킨을 먹습니다. 주절주절 (중략)" (동문서답)

면접관: "치킨을 좋아하냐고 물었는데, 명확한 답변이 뭔지를 모르겠네요."

조세호는 공통질문에 대해 필요 없는 경험과 함께 동문서답을 하였다. 면접관은 "얘기만 듣는 데도 힘이 들었다", "불합격을 줄 것이다"라고 말했다. 오락프로그램이므로 조세호는 시청자 측면에서 재미있는 답변을 하고자 했겠지만, 논리가 없이 우왕좌왕하는 모습에서 미처 준비가 덜 된 취준생을 바라보는 것 같은 안타까움도 느껴졌다.

Good

다음은 유재석이 면접을 본다.

면접관: "(뜬금 질문) 야식으로 프라이드, 양념 둘 중 어느 것을 더 많이 먹을까요?"

유재석: "(곰곰 생각) 양념입니다."

면접관: "왜요?"

유재석: "야식으로 달착지근한 것을 먹으면 피로와 스트레스가 풀리기 때문입니다."

면접관: "(한 번 더 난해한 질문) 가장 배달이 많은 지역은 어디일 것 같습니까?"

유재석: "기사를 통해 보았는데, 1인 가구가 몰려 있는 지역이라고 생각합니다. 예를 들어 대학가 주변이나 회사 근처에서 가장 배달이 많을 것 같습니다." (근거 제시)

유재석은 대단한 답변은 아니지만 차분하게 고민하고 포인트를 잘 찾아서 답을 했다. 추후 면접관은 질문에 대한 정확한 정답은 아니더라도, "자신의 생각을 타당하고 논리적인 근거를 들어 설명했다"는 것에 대해 높은 점수를 주었다고 말했다.

필자도 회사에서 채용 면접을 많이 본다. 면접관은 과연 능력 있는 사람만을 뽑는 것일까? 위의 사례에서도 알 수 있듯이 유재석은 순발력과 논리적인 말하기만으로 면접관의 긍정적인 평가를 얻어냈다. 쉽게 말해 면접관도 사람이기 때문에 마냥 능력이 출중한 사람보다는 팀원과 협동하고 회사와 잘 어우러질 수 있는 사람을 뽑기 마련이다.

면접 중에는 미처 준비할 수 없는 돌발 혹은 압박 질문이 있다. 실제로 필자의 친구는 대기업 입사 시 면접관이 "나를 단번에 주목시켜 보세요. 그럼 합격입니다."라는 엉뚱한 질문을 했고, 친구는 주저 없이 주머니에 있던 라이터로 휴지에 불을 붙여서 합격했다. 면접관이 활활 타오르는 휴지를 보면서 박수까지 쳤다고 한다. 그날이 공교롭게도 면접관의 부친 제삿날이었는데, 제사 후 지방(신주)을 태우는 듯한 행동이 머릿속에 떠올랐던 것이다. 대다수의 경쟁자는 노래 부르거나 춤추는 정도였는데, 돌발행동으로 응대한 면접 응변의 훌륭한 사례로 남는다.

면접에 임하는 세 가지 자세를 참고로 기재한다. 참조하기 바란다.

① 오픈된 답변을 하자.

"예" 또는 "아니오"의 단답형으로 일관한다면 면접장의 분위기는 안 봐도 뻔하다. 면접은 문답보다는 상호 대화라는 점을 상기해야 한다. 앞서 제시된 예시에서도 볼 수 있듯이 유재석은 자신이 기사에서 봤다는 경험을 꺼내며 답변을 시작하고 있다. 이처럼 "과거 대외활동을 할 당시" 또는 "아르바이트를 할 당시" 등 자신의 경험이나, 신뢰 가질 만한 사례를 들어 설명하면 자연스럽다. 소재가 풍부해지면서 열린 답변을 하게 된다.

② 전략의 수정이다.

심층질문으로 내심 기분이 상하여 감정적인 답변을 하는 면접자가 있다. 과거에는 일부러 감정을 건드리는 면접관도 있었다. 심층 인성을 가리는 것이다. 면접은 면접관 질문의 합리성을 가려내는 장소가 아니라, 나를 단시간에 어필하는 자리이다. 예를 들어, 감정에 치우친 내가 한 말이 점수를 잃을 것 같다면, 그 부분만 교정하여 침착하게 전달하면 된다. "면접관님의 조금 전 질문이 제 의도와는 다르게 전달된 것 같습니다. 다시 한번 말씀드려도 되겠습니까?"와 같이 신속히 수정한다면 면접관도 이해의 폭을 넓히게 된다. 전략이 잘못되면 곧바로 바꾸면 된다. 일관된 고집이 결국 평가에 악영향을 미친다.

③ 첫인상이 돋보여야 한다.

금수저가 아닌 이상 우선 인사성이 밝아야 한다. 2021년 결혼정보회사 듀오가 남녀 150명을 대상으로 실시한 '이성의 첫인상' 결과를 보면, 남자는 얼굴(40%), 대화(40%), 말투(10%)를, 여자는 대화(40%), 얼굴(30%), 옷차림(12%) 순으로 꼽았다. 결국 남녀 모두 첫인상이 중요하다는 것이다. 첫인상으로 2~3초 안에 결정되듯이, 한번 각인된 인상은 쉽게 바뀌지 않는다. 면접장에 들어갈 때부터 밝은 인사와 미소로 거의 결정이 난다. "저는 긍정적인 사람입니다." "저는 수용성이 높은 사람입니다."라는 인식을 심어주어야 한다.

22

명재경각(命在頃刻)
시간이 없다. 깔끔하게 말하라

1 논리적 변명보다는 단순한 사과를 택하라

일을 하다 보면 실패를 경험한다. 실패를 드러내지 않기 위해 변명을 준비한다. 변명도 자신만의 논리에 치중하면 궤변이 된다. 궤변이 본질을 흐리고, 확인과 검증의 과정에서 상대의 소중한 시간도 빼앗아 간다. 실패를 했고 그 귀책이 본인이라면 단순하게 사과하면 된다. 어려운 일이 아니다. 잘못했다는 한마디가 상대의 분노를 용서로 덮을 수 있다. 궁색한 변명은 귀책을 가리며 일단락이 되지만, 논리적으로 대들면 합리적인 설득을 해야 하기에 쓸데없는 시간을 소모하게 된다. 그런 증빙의 과정에서 상대는 더욱 화가 나게 된다. 어차피 내가 잘못했으면 쿨하게 인정하고 가면 서로의 시간이 절약된다. 사유를 늘어놓다 보면 실패의 본질을 흐리게 되므로, 궤변을 만들고자 머리를 쓰는 것보다 미래 대안을 검토하는 편이 낫다.

단순한 사과라는 것은, 사죄만 하는 것이 아니라 속 시원한 잘못의 내용과 원인 및 향후 대책까지 언급하는 것이다. 상대방도 사과를 들은 이상 내용과 원인은 이제 중요하지 않다. 향후 어떻게 할 것인가에 집중하게 되고, 함께 아이디어를 생각한다. 선순환의 캔버스를 함께 그리게 된다. 시간을 상호 절약할 뿐만 아니라 미래지향적인 대화가 시작된다. 논리적 변명은 과거에 집착하고 귀책을 논하지만, 단순한 사과는 미래를 바라보며 해결에 집중하게 된다.

Bad

입찰담당자와 팀장과의 대화이다. 팀장은 500억에 달하는 입찰이 공지되었는지 매일 체크를 하고 있다. 입찰담당자에게 단톡방에 매일 입찰 건을 정리하여 보고하라고 지시한 상태이다. 하지만 며칠 동안 입찰 건에 대한 보고가 안 되고 있다. 보다 못한 팀장이 말한다.

팀장: "김 대리! 나라장터와 조달청에서 오늘 입찰 나온 것이 있나? 아침에 보고를 왜 안 하나?"

팀원: "제가 다른 입찰을 준비하느라 아직 확인을 못 했습니다."

팀장: "매일같이 보라고 했잖는가? 중요한 입찰은 일분일초가 중요하네. 특히, A프로젝트는 500억이야. 컨소사도 우리도 기다리고

있는 건이라고."

팀원: "그건 저도 압니다. 그런데 다른 입찰 서류를 준비하고 있어서 시간이 부족해서요."

팀장: "(휴~ 한숨) 다른 입찰이라는 것이 구체적으로 뭐지?"

팀원: "얼마 전에 나온 B입찰 건입니다."

팀장: "금액은 얼마이고?"

팀원: "10억 정도 됩니다."

팀장: "10억을 준비하느라, 촌각을 다투는 500억 공사를 확인하지 못한 것이 변명인가?"

팀원: "제 KPI는 금년도 수주 30억입니다. 저에게는 1/3에 해당하는 프로젝트라서…"

팀장: "그냥 즉시 입찰 확인 후 보고하겠다고 해라~ 궁색한 변명하지 말고. 손흥민이 골 넣고도 패배했을 때, 기뻐하는 것 봤어? 팀 전체를 위해 생각해봐!"

갈 길 바쁜 팀장에게는 의미 없는 답변을 늘어놓는 팀원과의 대화시간이 아까울 뿐이다.

2 조건부 없이, 100% 의미 있게 말하라

"거래란 나는 가지고 있고 상대는 없어야 할 수 있는 거다." 시청률

27%의 웹소설 원작 드라마 〈재벌집 막내아들〉에서 카리스마 이성민(진양철 회장 役)이 거래를 요청하는 손주에게 한 말이다. 조건도 마찬가지이다. 내가 상대에게 Give한 것이 있어야, 조건부의 Take를 할 수 있다. 청약이 있어야 승낙이 있다는 의미이다. 내가 상대에게 제대로 해준 것이 없는데, 조건을 걸 수는 없다.

Bad

팀원: "어제 기획실에서 직무분석서를 제출하지 않았다고 연락이 왔습니다."

팀장: "어? 그것 내가 당신한테 작성하라고 첨언했지 않은가?"

팀원: "저에게는 제 것만 작성해서 팀장님께 드리면, 팀 전체 취합하겠다고 첨언하셨습니다."

팀장: "(그렇군. 그래도 네 잘못이야) 그럼, 보낸 날에 나에게 보고를 해야지. 안 그래?"

팀원: "(억까(억지로 까다)하려는 건가?) 그래서 제가 말씀드렸습니다. 카톡에도 언급했고요."

팀장: "그렇다면 팀 것을 기획실에 제출해야 한다고 미리 나에게 말했어야지. 당신은 리마인드 메일 몰라? 기본 아닌가? 그렇지 않아도 정신없는데. 참 나."

(팀장의 조건부 의도: 내가 바쁘다는 핑계로 팀원이 사전에 보고한 것을 흠집 내자)

억지로 까이는 팀원은, 조건을 내세우는 팀장을 억울하게 바라볼 뿐이다.

Bad

팀원이 팀장의 지시로 견적서를 작성했고, 카톡방에 올렸다.

팀장: "음, 견적 금액이 왜 이래? 4억 900만 원이 맞는데, 4억 9,000만 원으로 기재했네?"

팀원: "(실수. 그래도 변명해보자) 앗, 그러네요. 어제 팀장님이 구두로 4억 9,000이라 하셔서…"

팀장: "(내가 한 말 꼬투리 잡나?) 그래서 내가 카톡에 금액을 남겼잖아. 글이 우선 아닌가?"

팀원: "저는 팀장님 말씀도 중요해서 그럽니다."

팀장: "헐~ 그럼 다시 물어보던가. 이렇게 변명하는 동안에 벌써 수정했겠네."

(팀원의 조건부 의도: 어제 팀장의 말을 빌미로 실수를 떠넘기자)

"한 번 실수는 병가(兵家)의 상사(常事)." 당나라 배도전에 나온 고사로서, 당 황제가 싸움에 지고 온 장수 배도에게 한 말이다. 실수에 대하여 제대로 된 사과를 하고 재발 방지한다면 용서가 가능하다는 얘기이다. 100% 의미를 가진 사과를 하는 방법은 두 가지의 프로세스이다.

첫 번째는 내 잘못을 깔끔하게 인정하는 것이다.

“본 사항은 저희가 100% 잘못했습니다.”

“이번 사고는 제 부주의로 인해 발생했습니다.”

“출고가 제대로 안 된 것은 전적으로 제 책임입니다.”

두 번째는 상대의 심적, 물적 손실에 대한 언급과 함께 사과하는 것이다.

“저희를 믿고 맡겨주셨는데, 이렇게 되어 죄송합니다.”

“제가 적극적인 대응을 하겠습니다. 손실을 어떻게 해 드리면 되겠습니까?”

“이렇게 되어 송구합니다. 제가 직접 현장에 상주하여 손해를 신속히 복구하겠습니다.”

조금이라도 밀리지 않고, 내 손실을 줄이고자 변명을 일삼는 것은 상대의 화를 더 돋우게 된다. 가끔, 상대는 화가 아직도 진행형인데 내가 한 말로 모두 끝났다고 생각하는 경우가 있다. “이제 그만 화 풀어라.” “사내놈이 뭐 그런 것 가지고 그러냐?” “내가 악의가 아냐. 너도 알지?” “그 정도만 화내고, 뭐 소주나 한잔 할까?” 이런 말은 상대를 더욱 열받게 만든다. 나는 아직 화가 풀리지도 않았는데, 더 이상 화를 내면 속 좁은 사람으로 몰고 가려는 조건부 의도가 있기 때문이다.

대화에도 쓰지 말아야 할 키워드가 있다.

“솔직히 얘기하면”, “실질적으로”, “사실상”이라는 단어는 뭔가 비밀을 담고 있다. 특히 상사에게 이런 단어는 '여태껏 날 간보는 것이었나' 라는 오해를 가져올 수 있다. 직장에서의 대화는 언제나 솔직하고 정직하게 해야 한다. 실제로 일어난 팩트만 얘기해야 한다. 카더라가 결국 자신에게 쏜 화살임을 알아야 한다.

"겨우", "어차피", "고작", "한낱"이라는 단어도 부정적인 인상을 준다. 이 단어들 뒤에는 부정이 들어갈 수밖에 없다. 직장의 일상은 긍정적인 단어만 써도 부족하다. "겨우 이것밖에 안 되겠지", "어차피 이 정도 아니겠어?", "고작 이것 정도 할 수밖에 없지." 이런 부정적 단어들보다는 진취적이면서 긍정 어린 표현이 필요하다.

대화는 조건 없이 100% 순도의 진심으로 대화해야 의미 있다.

3 고맙다고 하라. 그만큼 수익이 난다

직장에서 유독 고마움을 많이 표현하는 사람이 있다. 필자의 직장생활 속에도 이런 분들이 있었다. 공통점은 평판이 좋고 오랫동안 무탈하게 업무에 임한다는 것이다. 중간에 어려운 일을 겪어도 극복이 강하다. 자기치유가 강한 일면도 있겠지만, 주변으로부터 도움을 많이 받는다. 고맙다는 말은 영업력이자 투자다. 결국 자신에게 우호적인 지분으로 되돌아온다.

고마움의 표현은 "수고했습니다." "감사합니다." 등 간단한 인사도 있지만, "A프로젝트를 성공할 수 있었습니다. 여러분께 수훈갑 김 대리를 소개합니다." "B프로젝트의 준공을 마지막까지 책임진 박 소장에게 감사와 격려의 박수를 부탁드립니다." 등의 공개적인 감사도 포함된다. "칭찬은 대중 앞에서 하고, 꾸중은 본인에게만 하라"는 직장 격언이 있다. 칭찬은 많은 이들에게 귀감이 될 뿐만 아니라 구전을 통해 점점 팽창한다.

직장에서는 고마움과 같이 긍정어만 존재하지는 않는다. 부득이하게 부정적인 언어도 써야 한다. 특히 거절은 대립을 불러오기 때문에 요령이 필요하다.

Bad

팀장의 요청에 팀원이 직접적으로 거절부터 하는 경우의 예제이다.

팀장: "김 대리, 품질분석 리포트 내일 12시까지 해주게. 가능하지?"

팀원: "팀장님, 안 됩니다. 오늘은 약속이 있고요, 내일 ISO 관련하여 지방에 출장을 가야 합니다." (NO답)

이런 NO답을 일관하는 직원을 곱게 볼 팀장은 없다. 무턱대고 NO가 아니라, 예의를 갖춘 '긍정의 거절'을 해야 효과적이다.

Good

긍정의 거절과 대안을 제시하는 팀원의 예제이다.

팀장: "김 대리, 품질분석 리포트 내일 12시까지 해주게. 가능하지?"

팀원: "팀장님, 어쩌죠? 제가 오늘 선약이 있고, 내일은 ISO 관련 지방 출장이 있습니다. 내일 출장 갔다 와서, 오후에 정리해드리면 어떠세요?" (긍정의 거절)

23

말투는 논리가 아닌 감정의 언어다

1 대화를 지배하는 것은 내용이 아니라 말투

필자도 직무상 고객과 대화를 많이 한다. 기술영업을 하기에 개인적인 대화가 적지만, 고객과 친밀해지면 사적인 내용도 오고 간다. 고객에게 공감을 얻는 가장 기본적인 것은 상대를 이해하는 것이다. 이해를 위해서는 상대의 말투에 먼저 교감이 있어야 한다. 필자의 고향은 서울이지만 강원도에서 유년을 보냈고, 대학은 경상도에서 나왔으며, 영업은 충청도와 전라도를 주로 한다. 어느 지역에서건 손쉽게 사투리를 구사한다. 원주민급의 찰진 말투는 아니어도 고객들은 정감이 많이 느껴진다고 얘기한다. 어색한 사투리도 동질감과 유머의 단초가 되기 때문에 가급적이면 활용하는 편이 더 좋다.

나는 상대와의 대화에서 좋고 나쁜 느낌의 말투를 알고 있다. 만일 모른다면 찾아야 한다. 상대가 좋아하는 느낌의 말투를 구사하면 대화가 편해진다. 세상에 편한 관계만 있으면 얼마나 좋을까? 하지만 직장 상사, 동료, 고객 등 하이에나의 눈빛으로 바라보는 사람들도 많다. 좋은 관계의 시작은 상대의 말투를 잘 이해하는 것이다.

Bad

팀장이 퇴근 시간에 상의 양복을 입으면서 팀원들에게 한마디한다.

팀장: "흠. 벌써 퇴근 시간이네. 각자 금월 수금과 매출을 정리해서 리포트 올리고 퇴근해!"

팀원: "(@.@ 헐~ 그걸 지금 하라고?) 네."

팀원들이 답을 했지만, 즐거울 리 없다. 본인은 퇴근하면서 이런 숙제를 내는 팀장에게 '좀 일찍 말씀해 주시던가, 내일 하라고 하지. 갑자기 웬 날벼락?'이라고 쏘아붙이고 싶을 것이다. 팀원들도 성의를 다해 하려고 할까? '그냥 적당히 하고 내일 욕 한번 먹지 뭐.'라고 생각할 것이다. 팀장도 저녁에 그 리포트를 다 보겠는가? 아마도 아침에 볼 것이다.

Bad

영업담당자와 고객과의 대화이다.

담당: "대표님, 일전에 말씀드린 대표님 연대보증이 필요합니다. 오늘

가능하실까요?"

고객: "(누구지? 다짜고짜 훅 들어오네) 어디에 누구시죠?"

담당: "저는 A사 영업담당입니다. PF 관련해서 말씀드렸던…" (늦은 인사)

고객: "아, 그렇군요. PF는 자산 담보만 잡으면 되지, 개인 담보도 필요한가요?"

담당: "확인해보니, 대표님 신용도가 그다지 좋지 않아서요." (상대의 단점 자극)

고객: "(갈아탈까?) 다른 회사는 신용 문제는 없다고 하던데, 설명 좀 자세하게 해주세요."

담당: "어제 저희 챗봇이 설명 문구를 카톡에 드렸을 텐데 못 받으셨어요?" (압박 질의)

고객: "아직 못 봤습니다. 그리고, 그런 중요한 사항은 방문해서 설명해 주시면 안 되나요?"

담당: "제가 여러 군데 담당이라서 안 되고요. 시간 내서 저희 회사에 와 주십시오." (손절 단어)

고객: "(경쟁사 명함을 뒤적이며) 그래요, 알았습니다. 다음에 봅시다."

담당: "그럼, 언제쯤 방문이 가능하신지요?" (거만 말투)

고객: (뚜-뚜-뚜)

고객의 입장에서는 영업담당자의 말투가 심히 거슬렸을 것이다. 우선 고객과의 교감이 충분하지 않은 가운데, 설명도 부족하면서 거만한 말투이기 때문이다.

2 상대의 분노에는 사이다 말투로 동감하라

필자가 15년 전 기획실장을 하던 때의 일이다. 서울 여의도의 금융감독원에 교육이 있어 참석하고, 오랜만에 지인과 함께 총 4명이 저녁 식사를 하기로 했다. 여의도에는 유명 음식점도 많지만 그만큼 사람도 부지기수여서, 예약을 아예 안 받는 곳도 있다. 저녁은 A족발집에서 하기로 했는데, 역시 예약이 안 되어 조금 일찍 5시에 들어갔다.

주인: "몇 명이세요? 혼자는 안 받습니다."

필자: "(참, 당황스럽다) 네, 저희 4명입니다. 세 명은 한 시간 이내에 옵니다."

주인: "한 시간이요? 우리가 지금 손님이 막 들이닥칠 시간이에요. 좀 어렵겠는데요?"

필자: "(열 받네. 그래도 참자) 그럼 전화해서 빨리 오라고 하겠습니다."

솔직히 여기까지의 대화에서 나가고자 했지만, 워낙 유명 맛집이라서 기대감에 꾹 참고 기다리기로 했다. 지인에게 전화해서 한 명이라도 좋으니까 빨리 와달라 하고, 족발을 넉넉히 주문했다.

아닌 게 아니라, 5시 30분이 되자 손님이 꽉 찼다. 맡아둔 자리만 공석일 뿐 밖에도 간발의 차로 늦은 사람들로 북적였다. 주인은 면박을 주며 퉁명스럽게 말했다.

주인: "내가 이럴 줄 알고 그렇게 말한 거요. 한 테이블 회전이 얼마의 가치인 줄 아쇼?"

필자: "(와우~ 더러워도 참자) 네, 죄송합니다. 거의 다 왔다고 합니다."

그런데, 지인 중 한 명이 못 온다고 한다. 우리는 세 명이 모였다. 그랬더니, 주인이 또 뭐라고 짜증을 낸다.

주인: "세 명이 오면 세 명이 온다고 말을 하지, 그럼 세 명 자리에 앉았을 것 아니오?"

필자: "(그게 대수인가?) 한 명이 갑자기 일이 생겨서 못 온다고 합니다. 양해를 좀 해주세요."

주인: "테이블 한 번 돌리는 것이 우리에게 중요해서 그래요. 생각 좀 하세요."

필자가 화가 나서 주인에게 말하려고 하는 찰나, 지인이 일어나서 큰 소리로 외쳤다.

지인: "거 듣자 하니, 좀 너무하시네요. 의자 수와 상관없이 테이블은 하나인데 뭐가 손해인가요? 그리고, 제대로 된 식당은 우선 착석 손님에 대해 최선을 다합니다. 대기자가 많다고 해서 돈을 더 벌 목적으로 현재 밥 먹는 고객에게 면박을 주는 경우가 어디에 있습니까? 사장님, 현재 손님이 미래의 손님보다 중요한 것 아닌가요? 여의도에서 이 집이 제일 맛있지만, 가장 불친절하기로 금융가에 소문이 자자해요. 제 말이 틀립니까? 여러분!"

손님: "옳소!"

앉아있던 손님들 사이에서 박수가 터져 나왔다. 누구나 할 것 없이 이 집에 불만이 있던 것이다. 주인은 머쓱해진 상태로 주절거리며 주방에 들어갔다. 옆자리의 손님이 우리 자리에 와서 사이다와 맥주를 가져다주며, 빈자리에 앉아 한 잔씩 나누었다.

손님: "거참 시원합니다. 선생님의 말씀이 사이다입니다. 이 집에 오면 여장을 풀고 술을 맘 놓고 먹어본 적이 없어요. 항상 쫓기듯 주문하고 먹고 나오기 바빴습니다. 무엇보다도 주인과 대화를 하면 기분이 더럽습니다. 같은 말이라도 정겹게 해주면 참 좋을 텐데."

몇 해 지나고 여의도에 갔다. 그 집은 없어지고 다른 음식점이 운영 중이었다. 필자는 사필귀정이라고 표현하고자 한다. 아무리 맛이 있다고 한들, 손님의 기분을 잡치게 하는 집에 과연 다시 가고 싶겠는가? 결국에는 멸하고 만다.

상대가 분노하면 우리는 대부분 참으라고 한다. "그냥 넘어가. 뭐 대수롭지 않은데." "적당히 하고 끝내." "당신이 좀 참아. 원래 이곳이 이래." "그럴 수도 있는 상황인 것 같은데?" 이런 말을 들으면 더 열 받게 된다. 나를 두둔하기는커녕, 참으라니? 물론 다짜고짜 상대의 말에 동의하라는 것은 아니다. 적어도 상대가 분노하면 그만큼 함께 사이다 말투로 동감해 주자. 그런다고 반드시 싸움이 나지 않는다. 내 편과 남의

편을 명확하게 구분하고, 상대와 한 방향을 보는 것도 좋은 공감 요소이다. 아울러 분노가 치밀어 오를 때에는 잠시 분을 삭이고 싸움이 아닌 논리로서 공감을 유도해 점잖게 꾸짖는 훌륭한 방법도 있다.

3 천 냥 빚 갚는 단어. Wow, Good, 감동, 최고

가장 가성비가 높은 선물은 '말'이다. 말 한마디에 천 냥 빚을 갚을 수 있듯이, 말에도 선물을 간직한 단어가 있다. "Wow", "Good", "감동", "최고" 이렇게 4가지 단어이다. 상대가 듣기 좋으라고 하는 것이 아니라 수시로 사용하면 좋다. 단체 카톡에서 상대의 말풍선에 하트를 보내듯이 말이다. 상대는 누가 보냈는지 안다. 페이스북도 '엄지척 품앗이'라는 말이 나올 정도로 칭찬은 소중하다.

Bad

팀장이 협회로부터 경영상을 수상했다. 단톡방에 자랑했다.

팀장: "여러분 덕분에, 한국코칭협회에서 경영대상을 수상했습니다. 감사합니다."

팀원A: "축하드립니다."

팀원B: "축하드립니다~^^"

팀원C: "축하드려요."

얼마나 무미건조한가? 드래그 & 드롭으로 축하를 찍어낸 듯하다. 팀장도 별 감흥이 없다.

Good

반면, 천 냥 빚 갚는 단어를 쓴 경우이다.

팀장: "여러분 덕분에, 한국코칭협회에서 경영대상을 수상했습니다. 감사합니다."

팀원A: "Wow~ 팀장님, 대박이십니다. 진심으로 축하드립니다. 한잔 사십시오. ^^"

팀원B: "Good & Hot 뉴스!! 한국에 최고의 리더가 되심을 축하드려요. ^^"

팀원C: "올해 최고의 감동!!!^^ 대한민국 최고의 경영자를 팀장으로 모셔서 영광입니다."

뭔가 생동감이 있지 않는가? 팀장은 흡족한 마음에 회식 자리를 예약할 것이다.

필자도 중년의 여성분들에게 자주 하는 단어가 있다. (절대 작업이 아니다.)

"참 미인이십니다. 비결이 뭡니까?"

"나이가 마이너스로 가고 계시네요."

"한 서른 초반? (상대 나이 Open 시, 놀라면서) 정말요? 절대 그렇게 안 보이세요."

의도나 유혹이 있는 것이 아니라, 용기가 있는 것이다. 사실을 직언하는 용기.

여성도 남자에게 이렇게 말하면 천 냥 빚을 갚는다.

"진짜 멋지게 보이세요. 정기적으로 관리를 받으시죠?"

"훈훈하시네요. 실례하지만 나이가 어떻게 되세요? 30 후반 정도?"

"너무 젠틀하세요. 아내분이 힘드시겠어요. 어디서나 인기 만점의 삶을 사시죠?"

접대 멘트라서 손발이 오글거릴 수는 있다. 하지만 상대는 고맙게 여기면서 관심을 두게 된다.

24

매너 있는 금과옥조 언어 품격

1 업무 요청은 행동을 전제로 디테일하게 1, 2, 3

내가 업무를 전부 다 할 수 있는 사람은 조직에 없다. 그런 사람은 조직 자체가 필요 없을 것이다. 조직은 각자 전문성을 보유한 모듈로 구성되어 있고, 그 군집을 팀이라 지칭한다. 일들은 각 팀에서 주로 진행하지만, 여러 팀을 함께 아울러야 답이 나오는 경우도 허다하다. 즉, 대다수의 프로젝트는 팀 내 수직이 아닌 팀 간 수평으로 답을 내야 시너지가 난다. 수평으로 코워크(Co-Work)하는 것을 협업(Collaboration)이라 하고, 대화를 소통(Communication)이라 한다. 문제는 소통에서 일어난다. 업무 요청을 할 때는 상대가 즉시 행동할 수 있도록 해야 하는데, 대체 누가 무엇을 왜 어떻게 하라는 것인지가 불분명한 경우가 많다. 특히, 요청이 까다롭거나 시간을 요하는 경우, 빗발치는 비난을 담당자는 감수해야 한다. 두 가지의 해소 방안을 제시한다.

① 디테일한 정보를 제공하자.

내가 요청을 했는데 상대가 질문이 많다는 것은 상대의 이해력이 미흡하다기보다는 내가 정보를 덜 주었을 확률이 높다. 내가 이 게임에서의 승자가 되는 길은 상대로부터 원하는 것을 신속히 받는 것이다. 어시스트를 해야 할 상대를 혼란에 빠뜨리면 그만큼 내 슛 타이밍이 늦어진다. 누구 손해인가? 내 손해다. 즉, 상대가 내 의도를 단번에 파악해야 하는 것이다. 원하는 방향이 포함된 정보를 인지하고 실행하도록 '우리'를 결속시켜야 한다. 실천을 유도할 수 있는 섬세한 정보를 주어야 한다. 일의 배경은 무엇이고, 그 결과로 얻을 가치를 먼저 공유해야 한다.

Bad

다음은 관리팀장과 영업팀장의 대화이다. 관리팀장이 급하게 자료를 요청했다.

관리팀: "영업팀의 A프로젝트 수주심의서를 금일 14시까지 작성하여 송부해 주세요."

영업팀: "(개뜬금. 뭔 말?) 갑자기 A프로젝트의 수주심의가 왜 필요하죠?"

관리팀: "각 팀의 금월 수주분에 대한 수주심의회의를 내일 9시에 진

행하기 때문입니다. 지난 회의 시 영업1팀은 금월에 A프로젝트를 한다고 보고했었고요. 그래서 자료가 필요합니다."

영업팀: "(지금 12시인데?) 그럼 왜 14시인가요? 너무 촉박하잖아요?"

관리팀: "(까라면 깔 것이지) 본부장님이 15시에 보자고 하십니다."

영업팀: "(본부장님이? 미치겠네) 미리 사전에 정보를 좀 주세요. 갑자기 던지지 말고."

관리팀: "뭐라고요? 왜 저한테 그러세요? 그럼 본부장님께 직접 따지시던가."

영업팀: "(저놈 쉐이. 함 두고 보자) 일단 급한 불부터 끕시다. 자료가 좀 미흡할 수 있어요."

관리와 영업이 다투는 이런 모습은 비일비재하다. 영업의 입장에서는 시간이라는 한정된 자원 속에서 긴급 업무를 구겨 넣어야 한다. 이번 경우에 관리팀이 본부장 지시 및 리마인드 문자를 사전에 제공했다면 어떠할까? 탁상공론한다는 관리팀에 대한 인상은 지울 수 있을 것이다.

Good

양해를 구하는 관리팀장이라면, 아래와 같이 대화할 것이다.

관리팀: "영업팀께 A프로젝트의 수주심의서를 금일 14시까지 관리팀

에 제출할 것을 요청합니다. 배경은 내일 9시에 수주심의회 의를 진행하는데, 본부장님께서 금일 15시에 작성분을 사전에 점검하자고 하십니다. 촉박한 시간을 감안하여 양해 바랍니다."

영업팀: "(본부장 지시네. 하는 수 없군) 네, 알겠습니다. 서두르겠습니다."

② WOW 1, 2, 3이다.

What(무엇을), hOw(어떻게), When(언제까지)을 꼬집어서 친절하게 요청하는 것이다.

간단한 이메일의 예제를 보자.

제목: 2024년도 팀별 사업계획서 회신 요청
수신: 영업팀 A, 공사팀 B, 제조팀 C
발신: 관리팀 D
발송: 2023. 10. 10

안녕하십니까? 관리팀 D입니다.

팀별로 내년도 사업계획서 첨부자료를 작성 후, 기한 내 회신 바랍니다.

촉박한 일정으로 이메일을 사전에 공지드리고 설명드리겠습니다.(선공후설)

1. 요청사항(What)
   1) 영업팀: 2024년 프로젝트별 수주, 매출, 수금
   2) 공사팀: 2024년 시공 플랜
   3) 제조팀: 2024년 제조 플랜

2. 작성내용(How)
   1) 분량: 총 3Page(엑셀1+PPT2)

2) 내용: 맑은고딕체, 폰트 14, 간단한 도표 첨부 가능

3) 첨부: 첨부자료 2식(관리팀 작성 예시 참조)

3. 요청기한(When)

1) 일자: 2023. 10. 15. (금) 13시 한

2) 담당: 관리팀 D (DDD@Performance.com)

요청자가 한 시간을 고민하여 최적안을 압축하여 요청하는 경우, 상대가 세 명이면 세 시간을 절감할 수 있게 되므로 조직에는 그만큼 이득이 된다.

2 상대방의 칭찬은 상대의 소중한 이에게

영업팀 조직원 중 막내가 팀에 합류한 이후 처음으로 수주를 했다. 팀장은 기쁜 마음에 선물을 하나 해주고 싶었다. 카톡에 있는 '두근두근 선물 게임'을 선택했다. 단톡방에서 선착순으로 선물을 가져갈 수 있다. 각자 선물을 가져갈 때마다 이모티콘이 올라가서 관심이 뜨겁다. 팀장은 막내의 멘토인 C대리에게 특별히 수고했다고 칭찬했다. 멘티를 위한 멘토에 대한 칭찬은 기쁨이 배가 된다.

팀장: "오늘 우리 막내A가 드디어 수주를 한 건 했습니다. 수주 기념으로 막내를 대신해서 선물을 하나씩 보냅니다. 특히, 막내를 물심양면으로 코칭한 C대리가 고생했어. 막내에게 덕담 한마디씩 해주세요~ Go-Go-

Go!^^"

과장B: "Wow. 막내야 잘 먹을게. 감사. 고생했어."

대리C: "헙. 감사합니다. 막내가 열심히 했죠~. 막내야, 꽃길만 걸어~^^"

주임D: "헐~ 막내야 벌써 수주를 하다니? 나도 긴장할게.^^ 땡스~"

대리D: "에구 고생했어요(토닥토닥) 막내 덕분에 남편과 케이크 먹겠네~용."

막내A: "앗 다들 너무 감사해요. ㅠㅠ 특히 C대리님, 분발하겠습니다.^^"

막내의 감동과 함께 팀원 모두 즐거워한다. 칭찬은 여러 사람 앞에서 하는 것이 중요하고, 막내의 소중한 사람인 멘토 C대리 앞이라면 더욱 효과적이다. 칭찬은 두 배의 법칙이 있기 때문에 함께 할수록 기쁨이 배수로 증진된다.

근래 인사부서에서 진행하는 이벤트 중에 신입사원이 채용되면 부모에게 선물을 보내는 사례가 있다. 삼성전자의 경우, 부회장 명의의 편지와 함께 신입사원의 '금장명함'을 부모님에게 보낸다. "자녀의 삼성전자 합격을 축하합니다. 삼성전자의 미래주역으로서 잘 키워주신 부모님께 감사를 드립니다."라는 메시지인데, 부모는 감동의 눈물을 흘린다. SK하이닉스도 꽃바구니, 와인, 편지를 선물한다. 왜 선물의 대상이 부모일까? 신입사원의 소중한 사람은 뭐니 뭐니 해도 부모이기 때문이다.

근래 신입 중 1년 이내 조기 퇴사자는 28%(사람인 500개사 기준, 2021 통계)로서 10명 중 3명이다. 기업들은 MZ의 조기퇴직을 막고 회사에 적응하도록 돕기 위한 이벤트로서 가장 소중한 부모에게 어필하고 있다. 사직서를 제출하려는 자녀에게 부모가 따뜻한 격려와 함께 퇴사를 재고할 수 있도록 이끌기 위함이다. 어릴 때 100점을 맞거나 학급에 반장이 되면 부모는 함께 기뻐하고 더 행복해한다. 나의 성공은 부모의 행복이라는 공식이 있다. 이렇듯 대상자의 소중한 사람에게 하는 칭찬은 오랫동안 훌륭한 기억으로 남는다.

필자는 고객사 방문을 오후 4시 정도로 맞춘다. 일반적인 직장의 퇴근 시간은 오후 6시 전후이므로 한 시간 정도 미팅 후에 식사를 함께하기 위함이다. 저녁을 함께하지 못하는 경우에는 오후 2시경에 가면서 도넛, 커피 등을 사 간다. 그즈음이 업무로 지친 직원들이 당 보충을 위한 적절한 타이밍이다.

얼마 전 고객사 부사장을 만나러 갔는데 마침 사장이 있었다. 사장과 부사장이 함께 필자가 사서 간 도넛을 먹으면서 미팅했다. 계약 성사의 환담이 오가는 가운데, 필자는 사장 앞에서 부사장을 돋보이도록 하려고 대화를 시작했다.

필자: "사장님, A프로젝트 계약을 해주셔서 감사합니다만, 부사장님 덕분에 제가 추가로 1,000만 원을 손해 보게 생겼습니다." (정량적 임팩트)

사장: "(사고가 있었나? 부사장을 노려보며) 네? 아니 무슨… 손해를 보셨나요?"

필자: "부사장님이 향후 B프로젝트도 있으니, A프로젝트는 1% 더 깎아달라는 것이에요."

사장: "(오~ 기분이 좋아지면서) 아, 그래요? 우리 부사장은 제 말도 잘 안 듣습니다. 하하."

필자: "사장님, 저도 먹고살아야 하잖습니까? 부사장님이 워낙 논리적으로 말씀하셔서, 이번에는 특별히 1% 인하해 드렸습니다. 단, B프로젝트부터는 적용 제외입니다."

사장: "(일단 1,000만 원을 벌었군) 그럽시다. 이봐 부사장, B프로젝트는 그렇게 해드려!"

부사장: (오~ 뜻밖에 구두쇠 사장이 기분이 좋네) 네, 알겠습니다. 사장님."

필자: "다음부터는 부사장님이 안 계실 때 사장님을 찾아뵈어야겠습니다."

사장: "언제든 오십시오. 역으로 내가 부사장에게 결재를 받으면 되죠. 하하하."

필자: "예? 그럼 똑같은데요? 하하하."

사장뿐만 아니라 부사장의 기분이 흡족했음은 말이 필요 없다. 부사장은 사장에게 잘 보였으니 대만족이고, 사장은 추가 네고로 1,000만 원을 벌었기에 직원들 한 달 식대 정도는 세이브했다고 여겼다. 필자도 이득을 봤는데, 부사장의 명분을 살리면서 향후 B프로젝트의 정가 유지를 위한 전략에 성공했기 때문이다. 상호 도장을 찍고 밀당 없이 헤어졌다면 깍쟁이 사장은 "뭐가 이렇게 싱겁지? 내가 이득을 보긴 한 건가? B프로젝트는 더 네고를 해!"라고 부사장을 압박했을 것이다. 필자는 사장의 이익을 부사장의 공로라고 명분을 제공했다. 상대의 상위자에게 칭찬을 요청했기 때문에 분위기는 한층 업그레이드되면서 상호 이득으로 종결되었다.

3 상대의 고민은 더블 리액션

Bad

공장 생산관리팀 팀원이 팀장에게 자신의 업무부하량이 너무 많다는 고민을 토로한다.

팀원: "팀장님, 제가 요즘 업무가 너무 많습니다. 현장관리라도 좀 배제해 주십시오."

팀장: "뭐? 이 사람이. 지금 현장이 얼마나 바쁜데… 그럼 누가 관리하나? 왜 그래?"

팀원: "아침에 PI 혁신활동의 회의와 함께 공정별 일정관리를 하는데, 이것만으로도 벅찹니다. 현장 업무인 작업지시와 도면 분배, 수율관리까지 제가 전부 다 해야 합니다. 저녁에는 잔업하면서 출하관리도 해야 합니다. 너무 과부하입니다."

팀장: "뭔 말도 안 되는 얘기를 해. 나 때는 다 했어. 쓸데없는 말 하지 말고 가서 일해."

팀원: "(지옥이 따로 없군. 다른 곳에 이직해야겠어) 네, 팀장님."

팀장은 팀원의 고민과 전혀 다른 얘기를 한다. 팀원은 과부하로 업무를 분배할 것을 요청하는데 팀장은 '현장이 바쁘다'라는 것과 '나 때는'으로 소통을 걸어 잠근다. 팀원은 팀장이 자신의 애로사항의 본질을 전혀 모른다고 생각할 것이다.

Good

반면, 팀장이 두 번의 리액션을 해주는 경우이다.

팀원: "팀장님, 제가 요즘 업무가 너무 많습니다. 현장관리라도 좀 배제해 주십시오."

팀장: "아, 그래? 요즘 많이 힘든가?" [1차 리액션]

팀원: "아침에 PI 혁신활동의 회의와 함께 공정별 일정관리를 하는데, 이것만으로도 벅찹니다. 현장 업무인 작업지시와 도면 분배, 수율관리까지 제가 전부 다 해야 합니다. 저녁에는 잔업하면서 출하관리도 해야 합니다. 너무 과부하입니다."

팀장: "그렇지. 현장 업무가 부하가 많지. 부하를 분산할 방법이 없을까?" [2차 리액션]

팀원: "(한번 어필해 보자) 네, 팀장님. 업무 분장을 재편성해서 제 출하관리를 분배하던가, 그게 어렵다면 신입사원을 한 명 채용해 주십시오. 잘 키우겠습니다."

1차 리액션은 공감을 하면 된다. 이 정도만으로도 훌륭한 코칭이다. 공감은 대화를 이어갈 수 있게 하고, 심층적인 고민과 원인을 찾게 해

준다. 2차 리액션은 상대의 구체적인 문제를 한 번 더 언급하는 것이다. 대부분의 대상자는 오랜 고민에 대하여 해결 방안을 가지고 있다. 2차 리액션은 해결책을 유도할 수 있다. 고민에 대한 문제만 제시하는 것이 아니라 아이디어까지도 드러내도록 유도한다.

25

천의무봉(天衣無縫) 소통할 줄 아는 리더의 언어

1 상대의 얘기를 좀 들읍시다. 답정너=꼰대, 용건 간단=대화 단절

김 상무와 장 부장이 술 한잔 하러 횟집에 갔다.

김상무: "장 부장, 뭐 먹을까? 먹고 싶은 것으로 골라."

장부장: "상무님 드시고 싶은 것으로 하시죠. 세꼬시 좋아하시죠? 그걸로 하시죠."

김상무: "아니야! 오랜만에 장 부장 원하는 것으로 해."

장부장: "(웬일? 간만 포식) 아, 예? 그럼, 메뉴판 좀 볼게요. 문어숙회 어떠세요? 해삼은요?"

김상무: "여기요~ 사장님. 오늘 뭐가 괜찮은가요? 그냥 세꼬시 주세요."

장부장: "(@.@ 어차피 자기 먹고 싶은 것 시킬 거면서) 세꼬시가 맛있죠. 네."

장 부장은 속으로 생각할 것이다. '답정너(답을 정해놓은 너)인데 뭐 하러 먹고 싶은 것 주문을 하라고 하는가?' 우스운 상황이지만 직장에서는 먹는 것도 내 맘대로 되지 않음을 보여주는 불편한 진실이다. 답을 다 정해놓고 마치 자혜로운 듯 각자 의견을 내도록 권유하고 자기가 원하는 방향으로 몰고 가는 상사가 있다. 실컷 함께 논의하고 마지막에는 자신의 주장으로 관철시키는 상사이다. 답정너는 결국 지독한 꼰대로 기억된다. 결정이 무능한 상사도 문제지만, 매번 독단적인 것은 더 문제이다. 미세한 사안까지 항상 리더의 얼굴만 쳐다보는 무책임한 조직원을 양산하기 때문이다.

반면, '용건만 간단히'를 재촉하는 상사도 있다. 심한 경우에는 사안을 제대로 파악하지 않은 상태에서 의사결정을 내리는 경우가 발생한다. 장 부장이 결재를 위해 상무 방을 찾았다.

김상무: "어이~ 장 부장. 들어와. 무엇을 도와드릴까요?"

장부장: "A사 제품 출고 건 결재인데, 결재 전에 공문 한번 봐주세요. 공문 내용은…"

김상무: "(조급해하며) 공문? 무슨 공문? 짧게 얘기해. 나 바빠."

장부장: "(왜 이렇게 서두르지?) 조달청 납품인데, 출고 후 잔금을 치르겠다는 내용입니다."

김상무: "관공납품인데 출고 전 잔금 아닌가? 이유가 뭐야? 간단히 보고해봐."

장부장: "(설명이 필요한데) 저희가 신제품이어서, 조달청 등록에 시간이 소요됩니다…"

김상무: "장 부장, 조달청 등록과 현장 출고가 뭔 상관이야? 요약보고가 안 되나?"

장부장: "제품 등록 시간이 소요되는데, 현장은 크레인 철거 전 선출고가 필요합니다. 즉, 선출고-후등록의 프로세스로 진행하다 보니 잔금이 늦어지는 것입니다. 그래서, A사에게 선출고의 공문을 보내달라 요청했고, 진행하고자 합니다."

김상무: "간단한 것을 어렵게 말하고 그래. 시간도 없구먼. 용건만 간단히 몰라?"

장부장: "(@.@ 어떻게 요약만 해서 보고하나?) 네?"

중요 업무에 있어서 "짧게", "간단히", "요약보고", "용건만 간단히" 등 축약은 산업고도화에 좌충우돌 살아온 X세대에 적합한 단어이다. 근래 X세대의 팀장은 MZ에게 용건만 간단히 할 것을 요구하는 경향이 있다. 하지만, MZ은 X세대보다 더 모든 것을 압축해서 표현할 수 있는 세대다. 억텐(억지 텐션), 스불재(스스로 불러온 재앙), 좋댓구알(좋아요, 댓글, 구독, 알림 설정), 군싹(군침이 싹도네), 점메추(점심 메뉴 추천) 등 언어조차도 절감을 원한다. 만일 실제로 업무를 압축한다면 MZ이 단연코 두각을 나타내면서, X세대는 무슨 말인지조차 모르게 될 것이다. 즉, 축약이 전부 좋은 것은 아니라는 의미이다. 사례와 같이 회사의 중요한 업무는 "용건만 간단히"로 정리되지 않는다. 모든 일이 영리와 직결되기 때문에 팩트에 대한 상세 설명과 함께 대안을 논의해야 한다. 특히 상대의 대화를 끊으면서 심플하게 요약해 줄 것을 다그치는 경우가 많은데, 넉넉하고 꼼꼼하게 들을 줄 알아야 한다.

2 연목구어(緣木求魚), 정보 제공을 최소화하며 매력을 발산하는 방법

연목구어는 《맹자》에 나오는 말로서, 나무에 올라가 고기를 구한다는 뜻이다. 목적이나 수단이 일치하지 않아 성공이 불가한 것을 의미한다. 대화에서도 연목구어의 소통을 하는 경우가 있다. 말이 너무 장황해서 갈피를 못 잡는 경우이다. 말이 많아지면 상대의 주목을 끌기 위해 팩트를 부풀려 과장하거나, 감정을 건드리는 조크로 억지웃음을 유발하는 등 실없는 사람이 된다. 영업을 하는 경우에도 지속적 권고는 오히려 고객의 구매심리에 부정적 요소가 된다고 한다. 결정적인 키워드를 확정적으로 사용해야 한다. 내가 가진 정보를 탈탈 털어 전부 공유하는 것도 업무뿐만 아니라 인간관계 형성에 부정적인 경우도 있다. 정보를 공개하지 않으면서도 대화에 매력을 이끄는 방법을 두 가지 소개한다.

① 말을 절제한다.

대구광역시가 주최하는 행사에 테이프 커팅을 하러 간 적이 있다. 끝나고 유명 정치인과 경제계 거물과 함께 오찬을 했다. 대부분의 오너들은 말을 많이 하지 않았다. 필요한 말만 키워드 위주로 한마디씩 할 뿐이다. 원탁의 테이블에는 타 회사 임원도 있었는데, 정말 쉴 새 없이 본인에 대한 얘기를 했다. 자신의 영업성과 자랑, 명문대에 입학한 아들, 해외에서 겪은 경험담, 하다못해 고향은 경북 울진이고, 군대에서 고라니를 잡아 포상받은 것까지, 키워드만 나오면 자신이 겪은 에피소드를 토해냈다. 와인을 한 잔씩 하면서 침을 튀기며 말하는 그에게 웃어주던 이들도 결국 하나둘 외면했다. 말을 아끼면 점잖고 진중한 멋스러움이 있다. 안물안궁. 불필요한 정보까지 들을 필요는 없다.

② 솔직함을 경계한다.

거짓말을 하라는 것이 아니다. 솔직하지 말라는 것도 아니다. 다만, 지나치게 솔직한 것은 나에게는 물론이고 상대에게도 좋지 않다는 것이다.

교수인 친구를 만났다. 요즘에 화두인 챗GPT에 대하여 대학가는 상당한 충격이 있다고 한다. "교수님, 챗이 맥그리거 XY이론의 동기부여관에 대해 내놓은 답변이 상이합니다." 일부 학생이 수업 중에 핸드폰과 태블릿에 챗GPT를 띄워놓고 교수의 말에 허점을 찾는다는 것이다. 또한, 인공지능을 이용해 과제를 제출하고 교수가 과연 제대로 구별할 수 있는지 단톡방에서 내기를 하기도 한단다. 문제는 학생들이 이것을 떳떳하게 오픈한다는 것이다. 이런 솔직함이 누구에게 도움이 되겠는가?

대화에도 마찬가지이다. 솔직한 것은 좋지만, 히든이 있어야 유혹도 있고 밀당이 된다. 연애가 어떤 때에 서로 성립되는가? 좋아하는 감정이 생기는 상대에게 자칫 거절을 당할까 봐 내 감정을 숨기고 접근하니까 썸이 된다. 여기서 지나치게 솔직하게 내 심정을 드러내면 아웃이 되기 쉽다. 썸 타기 이전에 지나친 솔직함은 모솔로 가는 지름길이라는 점에서 정보 Off를 할 필요가 있다.

3 비대면 커뮤니케이션은 일기 쓰듯이 섬세하게 표현

현재의 대화는 대면과 비대면으로 나뉜다. 특히 코로나 & 언택트 시대의 도래로 비대면 모드가 활성화되었다. 대면은 상대의 제스처가 비주얼하게 보이기 때문에 이해가 빠르고 정확하다. 비대면은 문자를 안읽씹(안읽고씹기) 또는 읽씹(읽고씹기) 한다고 해도 소통이 안 된다고 힐난하기 어렵다. 급한 것은 전화를 하면 되기 때문이다.

필자의 경우 일주일에 3일 정도 출장이므로 비대면 커뮤니케이션이 업무에 50%를 차지한다. 일일이 전화해서 지시를 내리거나 몇 사람에게 협업을 얘기하는 것이 오히려 낭비인 경우도 많다. 해당 인원에게 개인 톡이나 단톡방을 개설해서 대화하면 즉시 알아들을 수 있기 때문이다. 근래에는 자율주행은 아니지만 크루즈 기능이 있는 차량이 대다수여서 차에서도 운전하면서도 간단한 문자를 볼 수 있다. 급한 것은 통화를 하지만 루틴한 것은 정차 후 문자를 하거나, 말을 하면 자동으로 텍스트로 변환되는 앱 기능도 있다. 이렇듯 비대면 커뮤니케이션은 비즈니스에서 가장 중요한 도구가 되었다.

그렇다면 비대면 커뮤니케이션은 글인가, 말인가? 글로 표현하는 말이다. 글이 말을 대신하다 보니 구어체를 쓴다. 메신저를 쓸 때 어떻게 명확하게 비즈니스 대화를 할 수 있는지 세 가지 방법을 소개한다.

① 구체적이고 섬세하게 표현

상대방이 궁금증이 없어야 한다. 차량 운전 중이거나 회의를 하는 경우 날라오는 문자를 보기 위해 핸드폰에만 집중할 수 없는 경우가 많다. 서로 문답을 통해 대화할 수 없으면서 일을 신속히 진행해야 한다면, 진행을 요청하는 사람이 답변이 어려울 수 있는 상대의 상황을 감안하여 명확하게 단번에 표현해 주어야 한다.

Good

기술팀장이 단톡방에서 A프로젝트 입찰에 따른 지시사항을 김 과장과 장 주임에게 하려면, 아래와 같은 수준으로 톡을 보내면 된다.

〈A프로젝트 입찰내용 및 지시사항〉

1. 주최: 한국동부발전
2. 형태: 양수발전사업
3. 용량: 30MW
4. 컨소: A대기업(시공), 당사(제품), B엔지니어링(설계)
5. 경쟁: D대기업 컨소 외 4~5개 팀
6. 일정: 투찰(8/1), 기술시담(8/13), 개찰(8/30)
7. 담당
   1) 김 과장: 8월 13일 기술시담 자료 준비 후, 참석할 것
   2) 장 주임: 8월 30일 법인 인감, 위임장 준비할 것

② 상호 대화가 불필요하도록 완결형을 사용

단톡방이나 개인 톡에서 구어체로 대화하려는 직장인이 있다. 상대방에게 안부를 묻는 것이 아니라면 실제 비즈니스에 적합한 완성된 문어체를 사용할 필요가 있다.

Bad

구어체를 사용하여 업무하는 팀원의 예제이다.

팀원: "팀장님, ㅎ. 잠깐 시간 되시나요?"

팀장: "왜? 나 회의 중."

팀원: "그럼 나중에 보고드리겠습니다."

(이렇게 금방 퇴근 시간이 되어 다음날이 되었다. 팀장은 지방 출장 외근으로 직출을 했다.)

팀원: "팀장님, ㅎ. 어디세요? 잠깐 시간 되시나요?"

팀장: "왜? 나 운전 중."

팀원: "그럼 나중에 톡 드리겠습니다."

(그날 오후에도 또 카톡을 친다.)

팀원: "팀장님, ㅎ. 아직도 운전 중이세요? 잠깐 시간 되시나요?"

팀장: "왜? 나 회의 중. 대체 뭔 일이야? 내용을 문자로 넣어. 답답하다!"

팀원: "네~ 팀장님. ㅎ. A프로젝트 견적을 말씀하신 대로 12억을 13시까지 내고자 합니다. 그리고, 통신비 예산추가 10만 원 ERP

결재 좀 해주셨으면 합니다."

팀장: "그럼 문자 주면 되지. 12억 OK, 통신비는 결재했어."

팀원: "네~ 감사합니다.^^"

Good

완결형으로 작성한 팀원의 예제이다.

팀원: "팀장님, 바쁘실 것 같아 문자를 드립니다.

1. A프로젝트 견적을 지시한 바, 12억을 13시까지 제출하겠습니다.
2. 통신비 예산추가 10만 원 결재 바랍니다."

팀장: "1(OK), 2(결재 완료) 수고~^^"

대화체는 무려 열 번의 문답이 오가는 반면, 완결형은 두 번이면 끝난다. 완결형은 팀장의 중언부언도 필요 없다. 사실 팀원의 입장에서도 팀장과 긴 시간 대화를 하는 것이 껄끄럽지 않을까? Yes, No, ㅇㅋ 등 간단하게 답변할 수 있을 정도가 적당하다.

③ 복잡한 내용은 요약정리하여 표현

내용이 복잡한 경우에는 내가 요약해서 업로드 할 것을 권한다.

팀장이 팀원에게 프로젝트별 수주, 매출, 수금의 내용을 점검 중이다.

Bad

텍스트로 답변하는 경우이다.

팀장: "오늘 벌써 말일이니까, 금월에 프로젝트별 수주, 매출, 수금과 출고 보고 요망."

팀원: "네, A프로젝트 수주 10억, 매출 10억, 수금 8억 했으며, 출고는 없습니다.

B프로젝트 수주는 없고, 매출 3억, 수금 2억 했으며, 출고는 4대입니다.

C프로젝트는 수주 7억, 매출은 없고, 수금은 3억 했습니다. 출고는 3대입니다.

전체 합계는 수주 17억, 매출 13억, 수금 13억, 출고 7대입니다. 이상입니다."

팀장: "(뭐지? 전체 합계가 얼마지?) 하루 종일 보고할 것인가? 요약보고 좀 해줘."

팀원: "네? 도표로 다시 보고드리겠습니다."

팀장의 입장에서는 답답할 것이다. 텍스트로 된 문자는 그렇지 않아도 머리가 복잡한데 더욱 가독성이 떨어진다. 대부분 팀장은 마감일 즈음에는 상위자에게 보고를 해야 한다. 팀장의 입장에서는 당연하게도 정리된 것을 본부장에게 보고하고 싶어 한다. 그러나, 텍스트를 주절주절 보고할 수는 없는 노릇이다.

Good

같은 상황. 일잘러 팀원이 도표로 정리해서 보고한다.

팀장: "오늘 벌써 말일이니까, 금월에 프로젝트별 수주, 매출, 수금과 출고 보고 요망."

팀원: "아래와 같이 보고드립니다."

프로젝트	수주	매출	수금	출고
A	10억	10억	8억	-
B	-	3억	2억	4대
C	7억	-	3억	3대
합계	17억	13억	13억	7대

팀장: "OK, 수고했어."

팀장이 왜 수고했다고 할까? 숫자의 만족감보다는 정리가 잘 되어서다. 도표에 함축, 대조, 비교 및 합산이 모두 포진되어 있다. 팀장은 표를 꾹 눌러서 복사한 다음 본부장에게 SNS로 전달하고 리플을 단다.

팀장: "금월 저희 팀 실적 보고드립니다."

프로젝트	수주	매출	수금	출고
A	10억	10억	8억	-
B	-	3억	2억	4대
C	7억	-	3억	3대
합계	17억	13억	13억	7대

본부장: "OK. 수고."

돈 공부 전에 말 공부를 끝장내야 합니다

졸저는 네 번째 집필하는 책으로서, 직장의 언어인 말투를 주제로 합니다. 직장생활의 시작은 언어입니다. 소통의 시작이며 정보를 양산하고 행동의 종결을 유발합니다.

우리의 모든 삶에서 재화가 필수적이므로 시중에는 돈 공부에 대한 관심이 뜨겁습니다. 저는 돈 공부도 중요하지만, 그전에 말 공부를 우선해야 한다고 생각합니다. 돈 공부는 부에 대한 학습이지만, 말 공부는 인생관 자체이기 때문입니다. 말투는 품행과 태도를 정립하고, 관계의 개선을 이끌면서 인생까지 변화시킵니다. 직장과 가정에서 돈으로 풀리지 않는 관계가 대화를 통해 해결됩니다.

본서는 직장생활의 대화를 염두에 두고 작성했고, 특히 직장인 MZ

세대가 직무 대화에 낯설고 대면보고에 느끼는 부담을 자연스럽게 술술 풀도록 정리했습니다. 모든 정보의 체계화는 언문에서 시작하고, 그 속도 면에서는 언어가 단연코 중요한 세상입니다.

시중에 나온 말투 관련 서적은 실로 다양한 이야기를 전합니다. 업무와 말투, 말투와 고민, 말 품격, 말 가짐, 대화의 기술, 핵심 말투, 관계 말투, 품격 말투, 리더의 말투 등등. 모두 훌륭한 말투를 유도하는 내용입니다. 하지만, 본서의 독특함은 이런 말투의 고민과 함께 철저한 사례 위주로 작성했다는 점입니다. 즉, 다양한 사업, 직급, 직군, 직무와 함께 실제 필드에서 느끼는 직장인의 말투와 감정을 가감 없이 수록함으로써 현장의 언행이 그대로 녹아 있는 책입니다.

저는 29년간 한 회사에서 여러 부서를 경험하며 성장한 임원입니다. 제 직장생활에는 훌륭한 멘토가 많았지만, 다양한 악의에 찬 선배도 있었습니다. 때로는 무능하거나, 전쟁을 일삼고, 윗사람에게는 간신배이고 아랫사람은 노예처럼 여기는 이들도 있었습니다. 근래의 MZ세대는 IT 기술의 발달과 갑질 문화에 대한 날카로운 견제의 도움을 받지만, 아직도 선배와 동료의 말투로 인한 상처에 시달립니다. 말은 채무와 같아서 언젠가는 이자를 품고 되돌아옵니다. 내뱉고 생각할 것이 아니라, 배려심을 가지고 전해야 합니다. 본서에서 언급한 말투빌런은 악덕했던 선후배와 함께 부덕한 제 자신을 자책하며 그려냈습니다. "인생은 멀리서 보면 희극이지만 가까이 가면 비극"이라는 찰리 채플린의 말처럼, 회사에서도 말투의 비극은 진행형입니다.

책 저술은 다양한 주제와 스토리를 제작함에 있어서 매번 어렵고 고독한 창작입니다. 저는 30년째 주기(주간일기)를 쓰는 버릇이 있는데, 중요한 상황은 대화 형태로 서술합니다. 회사에서 회의록을 작성할 때도 결론을 먼저 작성하고 내용은 전부 대화 형태로 기술합니다. 대화체는 누가 어떤 의도로 발언했고 결론까지 도달했는지, 전체적인 스토리를 현실감 있게 파악할 수 있습니다. 이런 30년의 대화체 기록 습성이 결국 머릿속에 각인되어 이 책을 세상에 내놓게 되었습니다. 펼쳐진 일기장에는 희로애락의 장면이 뚜렷하고 현실감 있는 시대적 콘텐츠가 책을 저술하도록 도와주기 때문입니다.

집필에 열정을 주는 사랑하는 아내 오선영에게 감사를 드리며, 함께 소주로 출간을 자축하고자 합니다. 대학 공부와 아르바이트에 여념 없는 아들 윤준식과 딸 윤아현 모두 훌륭한 인성과 함께 건강하게 성장해 주어 감사합니다. 대한민국의 훌륭한 재원이 되길 기원합니다.

특히, 딸은 본서를 함께 공저했는데, MZ의 생각과 말투를 뒷받침하는 작문으로 X-Y-MZ세대를 아우르는 흥미로운 서적을 합심하여 만들 수 있었습니다. 여름 내내 딸과 필담을 오가며 치열했던 집필의 시간은, 부녀의 아름다운 추억으로 영원히 기억될 것입니다. 감사합니다.

이 책은 심성이 바르고 가슴 따뜻한 스윗가이 故 이서준 군 영정에 바칩니다.

2023. 9. 1. 여주 正言齋에서

저자 윤홍준, 윤아현